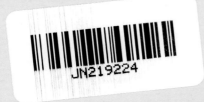

もったいない妖精ポイ！

楽しい節約生活のススメ

西原直弥

文響社

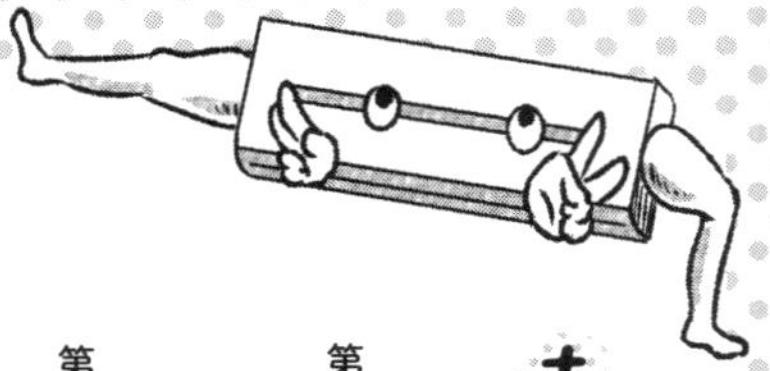

もくじ

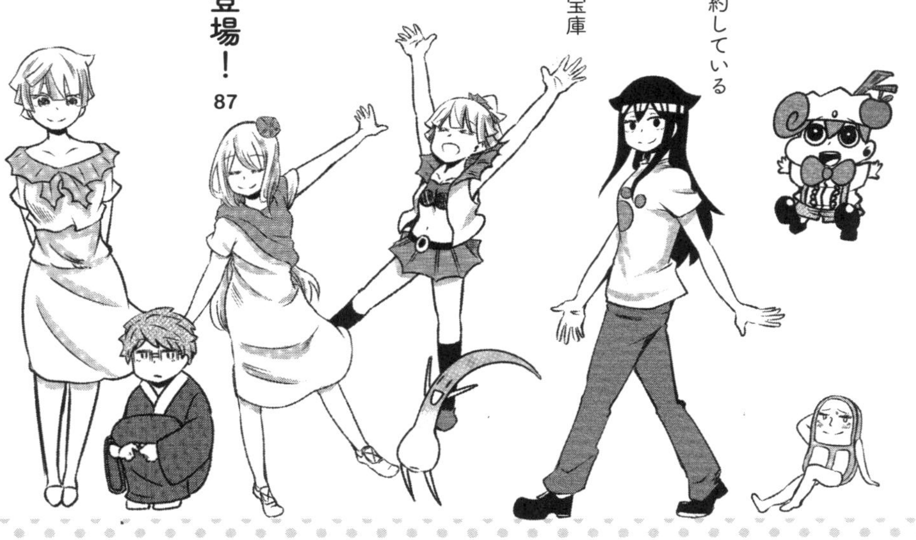

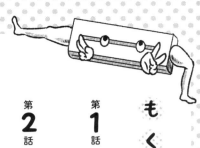

所持金21円
貯金残高２５５円
カラーン
冷蔵庫の中身……
賞味期限切れ以外特になし
本日５月３日
バイトの給料日22日
5
2018
Mon Tue Wed Thu Fri Sat Sun
給料

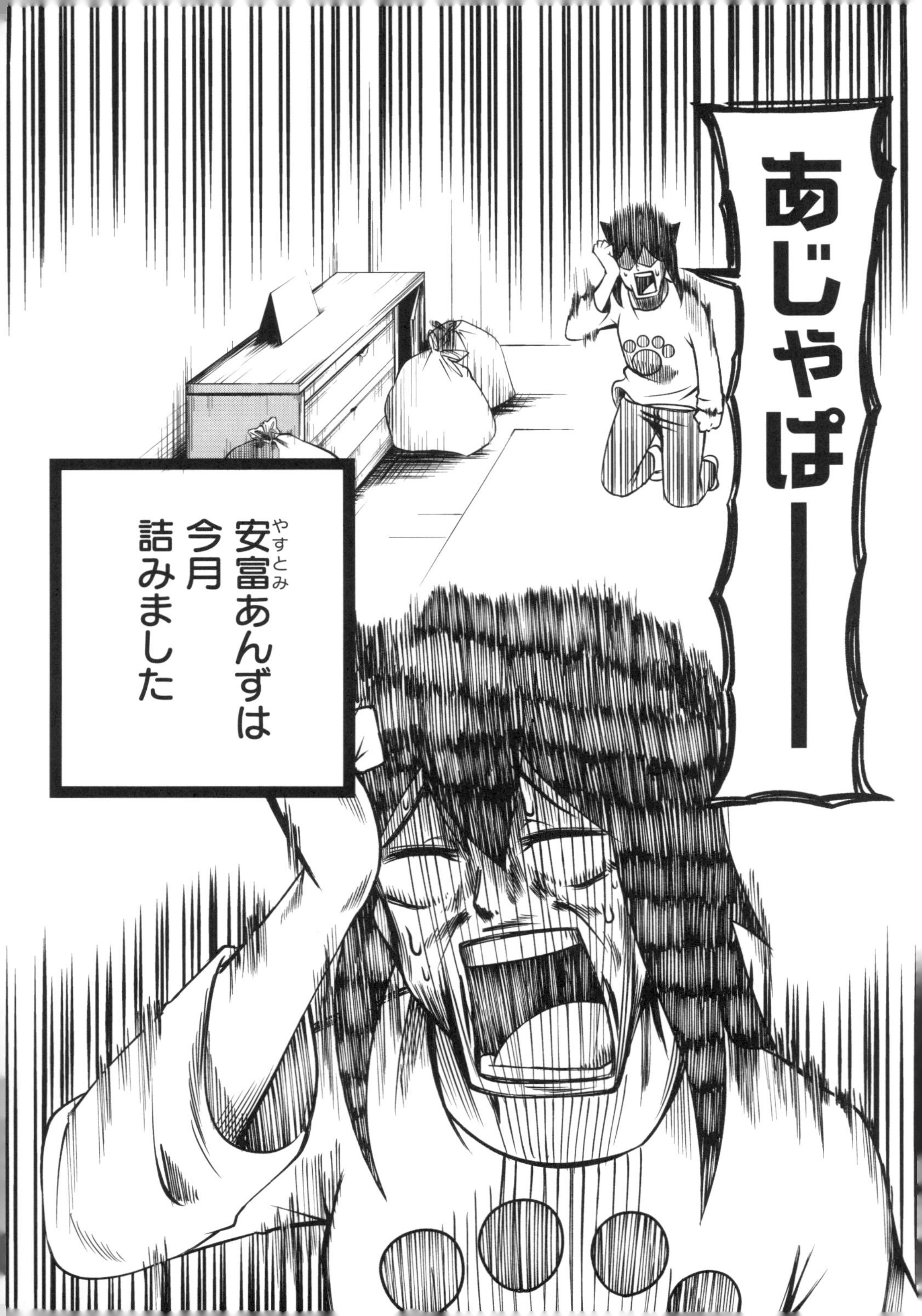
あじゃぱー
安富《やすとみ》あんずは今月詰みました

第1話

もったいない妖精現る!?

ああああ
どうしよう
服 化粧
髪 コンパ
ダン
大学デビューの
初期投資が
こんなにかさむ
なんて
ぐ〜
ヤバイ
このままだと私
キュ
グロロロ
飢え死ぬ
ち〜〜ん

なんまいだ〜
なンまいだ〜
ポク
ポク
ポク
ポク
ポク
ポク
うわぁああ
あんずぅうう
テッテレー
死に際の
下着が不揃いで
ボロボロ
だったよ〜〜〜
どんまいだ〜
てか
家賃も出して
仕送りも
欠かさな
かったのに
どんまいだ〜
ズボラが
故に
餓死とか

ガバ
救いようがねえーー!!!
なんとかしないと
ハァ
ハァ
ハァ
ハァ
一生の恥だ!
ポスッ
俺たち友達だろ!?

嫌だけど
大学の友達に金…
借りるか…
お腹も
プライドじゃ
メシは食えぬ
と言っている
tap
MACブックと同じくらい
薄い話をしてくる
田中くん
それ クラウドファンディングで
試してみたら？
一緒に撮った写真は
自分の写りがいい方をSNSに上げる
清川さん
イジリはおもしろいけど
どこか途方もない
悪意を感じる
金子さん
……

か…借りたくねーー!!!
絶対 バカにされる
パリピな大学生活に憧れ
リア充の闇をがまん
してきたのが裏目に…
でも 背に腹はかえられない
お腹が催促を
繰り返している
う〜〜ん
………
こうなったら
大学ではなく
バイト先の友達だ
あんずちゃ〜〜ん
地味だけど優しい
加奈子ちゃんに…!!
プルルル
プルルル

ガチャ
あんずちゃん！どないしたん？シフト？
急にゴメンネ ちょっと困ってて 相談したくて
に木にいる ヘラクレス・
え!? どないしたん!?
ウチで よかったら なんでも聞くで
なんたって あんずちゃんは 地味なウチに いろいろ教えて くれた
女子力 師範代や ねんから
女子力は 恋のリーサルウェポン
おっす！

あんずちゃんの
女子力教室
ホンマ ためになっとるし
KinKin
ranran
フムフム
いやいや
そんな…
あ！
そや！
この機に
あんず
ちゃん家《ち》
お邪魔
しても
ええ？
まだ行った
ことないし
それに…
女子力神社
参拝したい
です！
ポキッ
やっぱ
いいわ
…
え？

なんか…
この…うん
大丈夫な気が
してきた！
ホンマ？
…また困った
こととかあったら
いつでも言ってな
うん
うん
ツーツー
ツーツー
アイデンティティが
邪魔を
する
どう
する!?
学生でもう
カードローン
か!?
レリゴー
しちゃうか!?
夜の街へ
でも
アイデンティティが
それはダメだって
言っている
いったい
どうすれば
……!!!
ダン
ピーンポーン!!

お届けものでーす！
実家の住所？
母さん？
ピュイ♪
母
母
どうせアンタのことだから
今頃ピンチだろ？
父さんの畑でとれ
母
穫れた新鮮な野菜送っと
いたから
母
↑途中で送信しちゃった
（笑）

一人暮らしの神は親である
いやー本当に助かった！これでなんとか生きられる
母の日にとびっきりのカーネーション贈ろう
ぐぐぐ…

Booorn!!

ピンチの中に
節約あり
節約の中に
楽しさあり

なんか出たー!!
子ども…!?
キョロ
キョロ
仕送りが子ども…!?

いや 待て
メールには野菜だと
書いてあった
どうせアンタのことだから
今頃ピンチだろ?
父さんの畑でとれ
穫れた新鮮な野菜送っと
いたから
“野菜”
でも 実際
中身は…
これは
かなりの
上玉だぜ!!!
なんじゃ
こりゃ!!!
お…
おまえは
何者だ!?
なぜ
仕送りから
出てきた!?
何者なぜかと
聞かれたら
我はこう答える

もったいない妖精
ポイだと
ドン
!?
…
!!?
ギシィ……
?

ガン ガン
幻覚
錯覚
妄想
幻想
夢
現実
飛ばずに木にいる
常夏の
ヘラクレス
バッ
目を覚ませ
とりあえず
我の話を
聞け！
いでででで
私のキューティクルが
…浮いてる!?
パッポゥ

我はおまえを
救うために来た
飛ばずに木にい
常夏のヘラクレ
パタン
私を…救う!?
そうこの仕送りに忍び込んでな
あ!!!
中身!!!
パターン
!!?

ちょ
なんで
空《から》なの!?
我が入ってたんだからないに決まっているだろう…
スペース的に…
それがなんでか聞いてんだよ!!
おまえみたいな奴を探していた時
この仕送りと中にあった手紙を見つけたんだ
この娘ひでぇ
おまえのことがよくわかる内容だったよ
そしてスペースのため
中身を出し
もったいないから食し
甘い!甘いぞ!
あと10箱はいける!
潜入
そして今にいたる
でも大丈夫

我がおまえを救うためにここにいる
いや追い詰めてる追い詰めてる
ああああどうすんだよ
詰んだじゃん
どうするどうする
どうするどうする
ぐ〜
ああ…もう考えるカロリーも
ガクン
キュウー
残っちゃいないよ

すごい音したぞ
お腹痛か!?
ゲリか!?
おまえのせいで空腹なんだよ
…もういいなんかめんどくさくなってきた私もう ここで死ぬ
死なんよ
おまえは助かる
…
我を誰だと思っとる
絶望を運びし悪魔
もったいない妖精ぞ

やー!!!
ピカーン
!!?
なにやってんのコイツ!?
ズシャン
私の冷蔵庫がー!!!

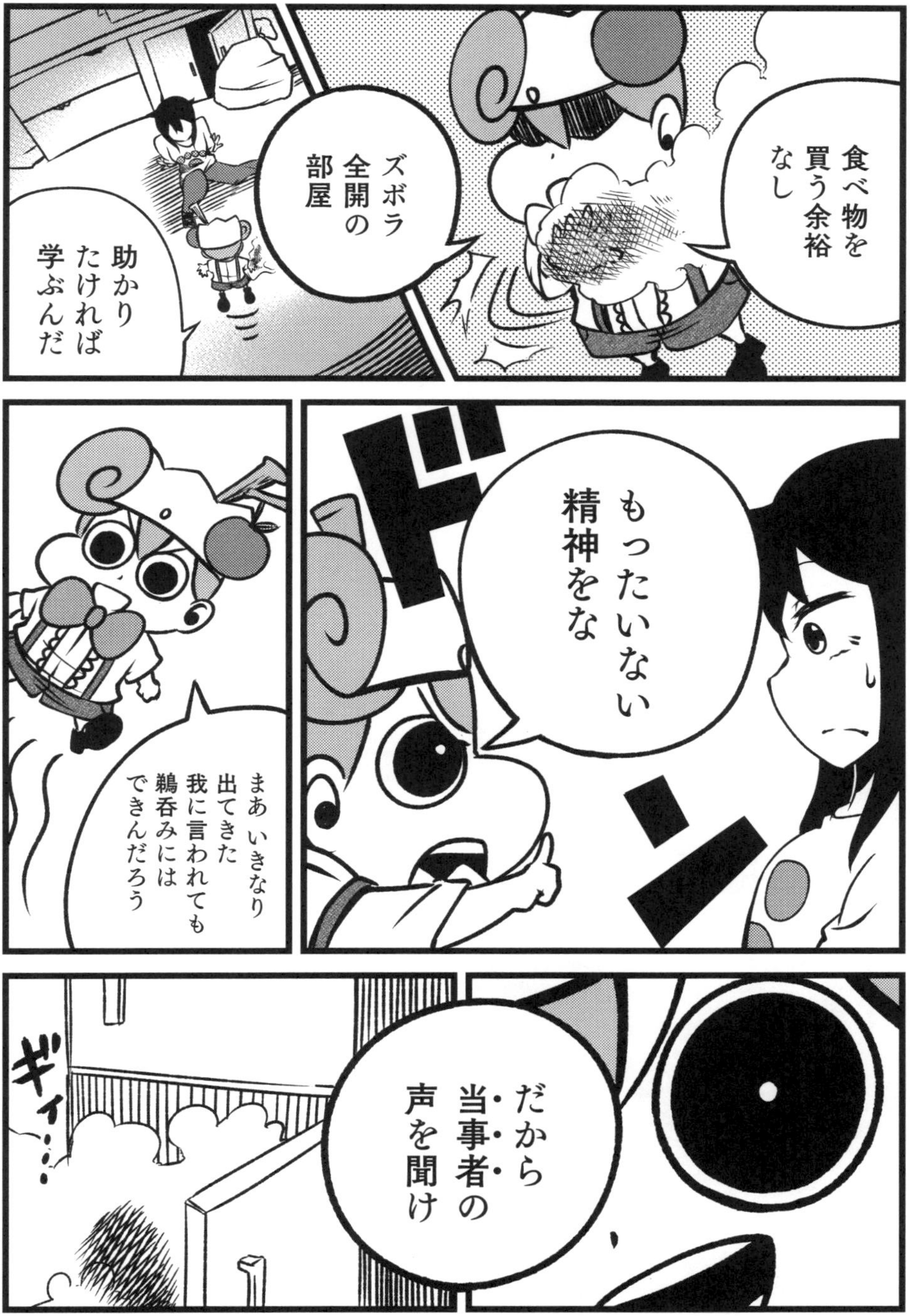
食べ物を買う余裕なし
ズボラ全開の部屋
助かりたければ学ぶんだ
ドン
もったいない精神をな
まあ いきなり出てきた我に言われても鵜呑みにはできんだろう
だから当事者の声を聞け
ギィ…

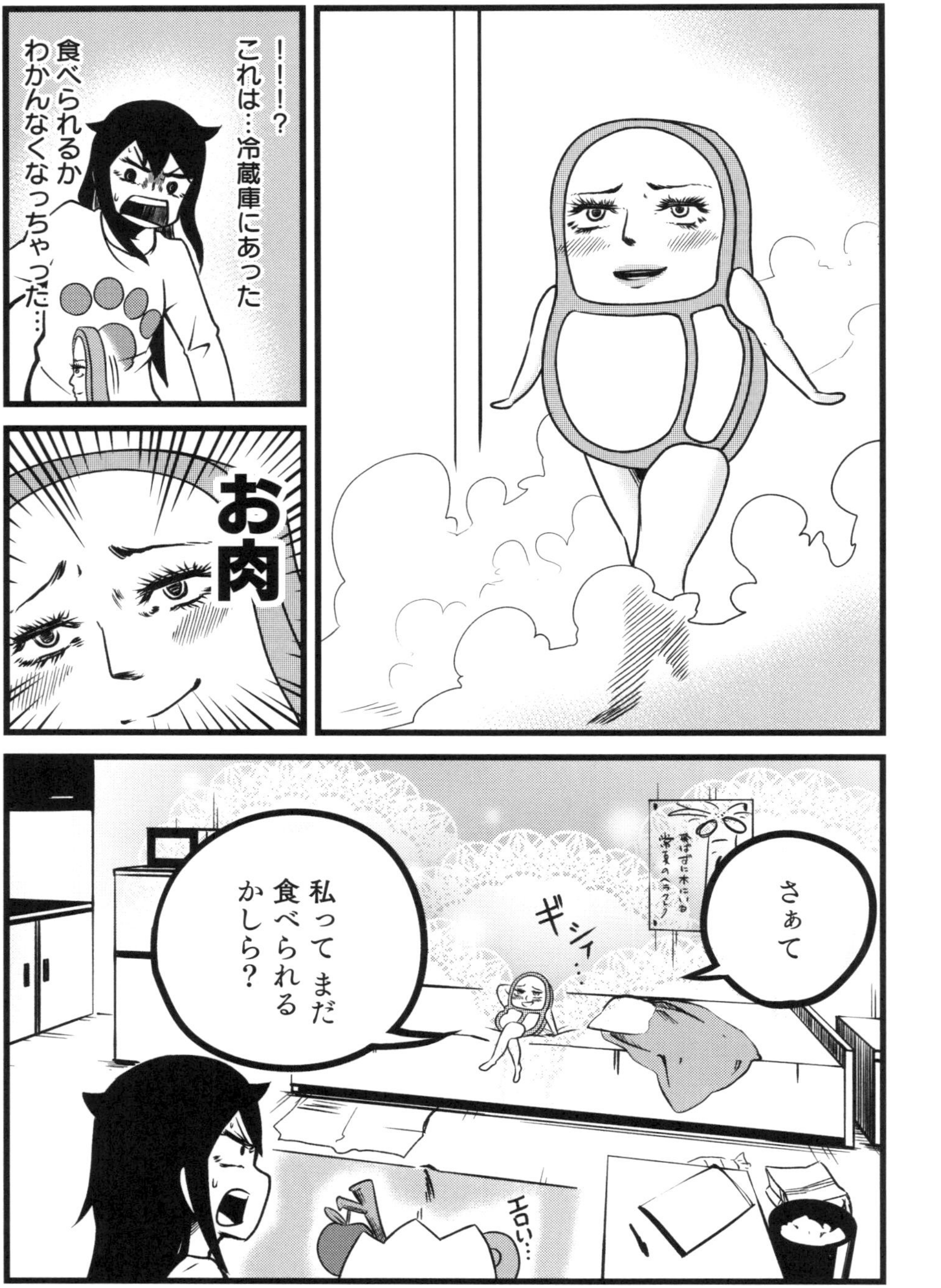

！！！？
これは…冷蔵庫にあった
食べられるかわかんなくなっちゃった…
お肉
飛ばずに木にいる
さぁて
ギシィ…
私ってまだ食べられるかしら？
エロい…

楽しい節約生活への道

Lesson 1

お金持ちほど節約している

節約しろって言われてもなんか面倒だし、正直貧乏くさくて気が進まないんだよね。私はもっとセレブリティで気品溢れる生活に憧れてるんだ。

今の状況でよく言えたもんだな……。ただ、そんなあんずに朗報だ。**『お金持ちのセレブほど節約が大好き』**なんだぞ!

え!? いや、いくらなんでも嘘はいけないよ。お金持ちほど豪快に使うんじゃないの!? ていうか、貯めこんでるなら私にちょうだいって感じなんだけど!

おまえの「ちょうだい!」という声が届かないところにいるのがお金持ちなんだよ。とにかく、有名なお金持ちにも節約家はたくさんいるってことを覚えとけよ。たとえば世界No1小売り業「ウォルマート」の創業者サム・ウォルトンが全米1のお金持ちになった時、経済誌の記者が取材に行ったら、自社のロゴ入り帽子をかぶってオンボロの小型トラックを運転して現れたそうだ。彼は散髪も町の理髪店で済ますし、

贅沢品も一切買わない、徹底した節約家だったんだよ。あのマイクロソフトの創設者ビル・ゲイツも飛行機に乗る時は極力エコノミークラスを選ぶようにしてるって話だ。理由は「**ビジネスクラスもエコノミークラスも移動距離は同じ**」だからだそうだ。そして世界的な投資家でビル・ゲイツの運営している財団に3兆円を寄付した大富豪、ウォーレン・バフェットも一般人が住むような家を郊外に建てて、大衆的な車に乗っている。さらにその車のナンバープレートには「Ｔｈｒｉｆｔｙ（節約）」という文字が書かれているんだぞ。

なるほどなぁ、確かにお金持ちが節約好きなのはわかったけど、どうしてお金が余っているはずなのに節約好きなのかな？

うむ。まあ単純な話、ビジネスが得意な人は、「**売り上げを増やすよりコストを下げる方が楽**」ってことを知ってるからだろうな。あんずだって「お金を増やせ」って言われたらなかなかできないけど、目の前の電灯を今日1日中消すことで数円のコストを減らす＝お金を増やすことは簡単にできるだろ。それに加えてお金持ちはそもそも「お金が好き」だということも見逃せない。お金が好きだからこそ、ものをできるだけ安く手に入れたり、使うお金を少なくしたりして、自分の資産を増やしたいと考えるのは自然なことなんだ。

確かにね。浪費するだけじゃ、どんなに資産が多くてもいつかはすっからかんになるもんね。**お金持ちはお金を維持する力があって、その力の源に節約があるわけだ!**
私にはまるでない力だ!……悪かったな!!　ズボラな女で!!

まあおまえのズボラさは我と出会ったことによって徐々に改善されていくことになるだろう。とにかく我が強調したいのは、節約は単にお金を使うのを我慢するってことじゃなくて、色々未来の可能性が広がる習慣だってことなんだよ。ちなみに『シェイクスピア全集』や『英語辞典』で知られるイギリス人の文学者サミュエル・ジョンソンがこんな言葉を残してる。

“**お金を使い、かつ貯金する人は、もっとも幸せな人である。つまり、彼は二つの喜びを持つからだ**”

ところでポイって教養的な知識を披露してくれてるけど、毎回そんな感じで行くの?

そうなりたいと思って努力し、積み上げ、研鑽した知識を今すべて吐き出した。

すべて!?　まだ序盤だけど。

ああ。だが安心しろ、今後は我の仲間たちがおまえを楽しい節約生活へと導いてくれるだろう。

じゃあ、もうあんたいらなくない？

い、いや、我は今後**「代理店」的な働き**をすることになる！

妖精感、ゼロだな……。

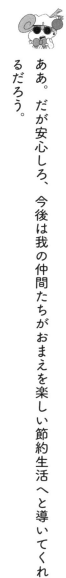

第**2**話

まだいける？　冷蔵庫の中の食材

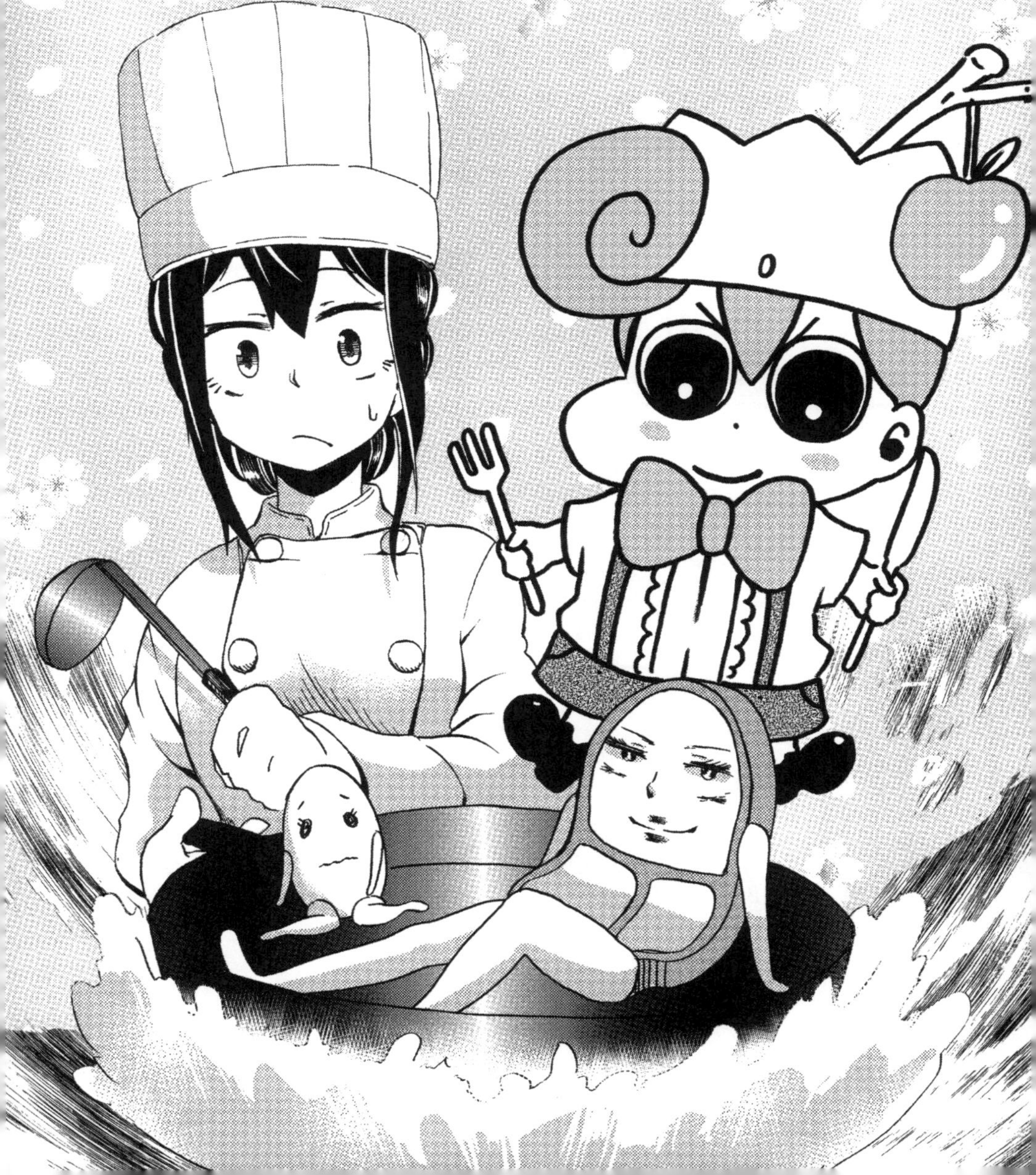

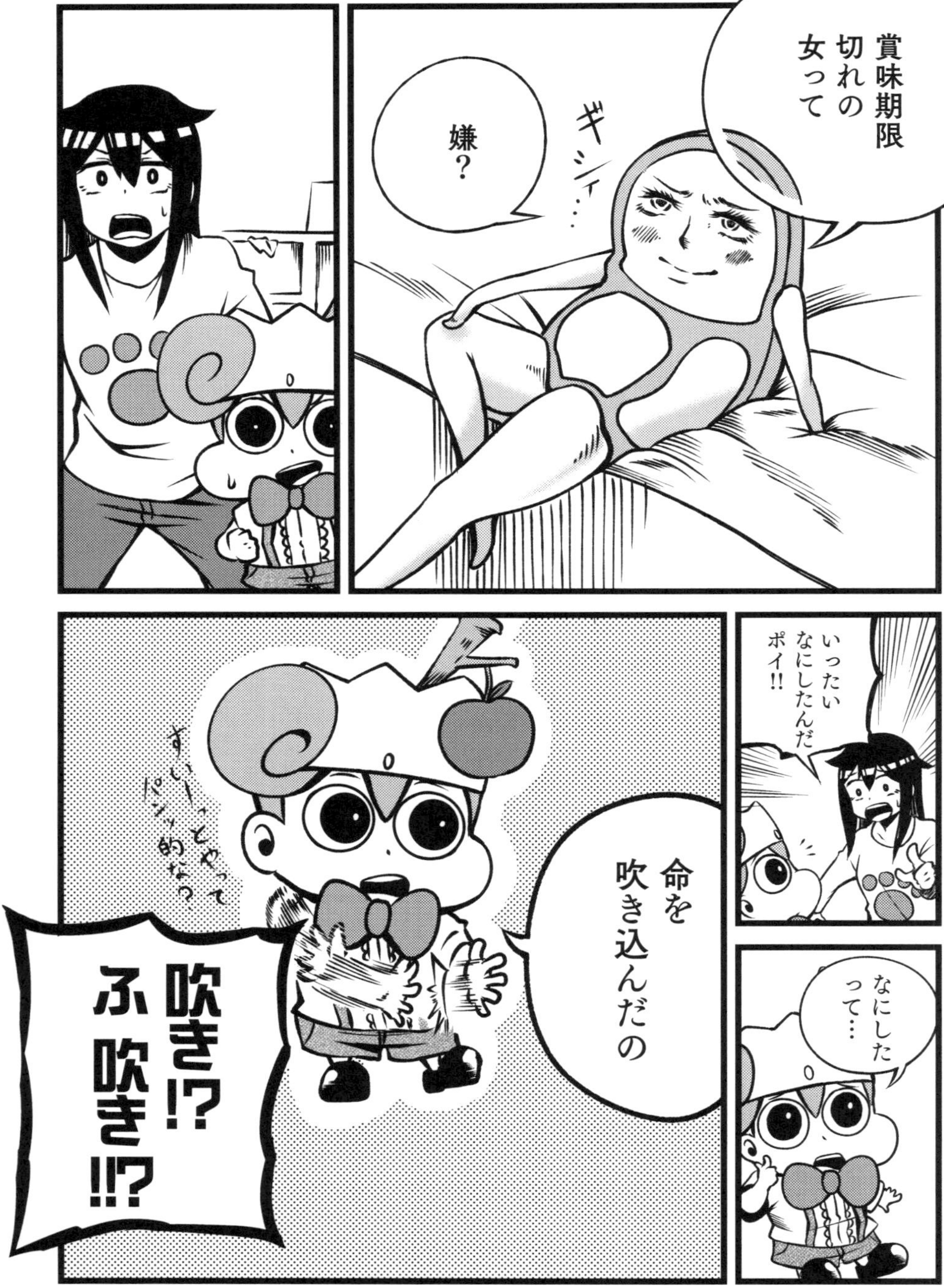
賞味期限切れの女って
ギシィ…
嫌？
いったいなにしたんだポイ!!
なにしたって…
命を吹き込んだの
すいーっとやってパンッ的な？
吹き!? ふ吹き!!?

ねぇ そこの 買い主さん
ペチ
ペチ
!?
まぁ 我の実力 っていうか
私の 霜降りに 惚れて 買うのは わかるわ
でもね
いい女も 食べなきゃ
腐るよ!!!
ガ
ブチ
これは 私に限った ことじゃ ないわ
ペーンッ
来なさい
ガタッ
?
ギィ……

あ!!!賞味期限切れの卵!!!
あ…どうも
確かに私……
腐ると危ないですが…でも賞味期限切れなら…
熱いのしたらまだ食べられます!!
い…言えた…
私…言えたよ…
うう…

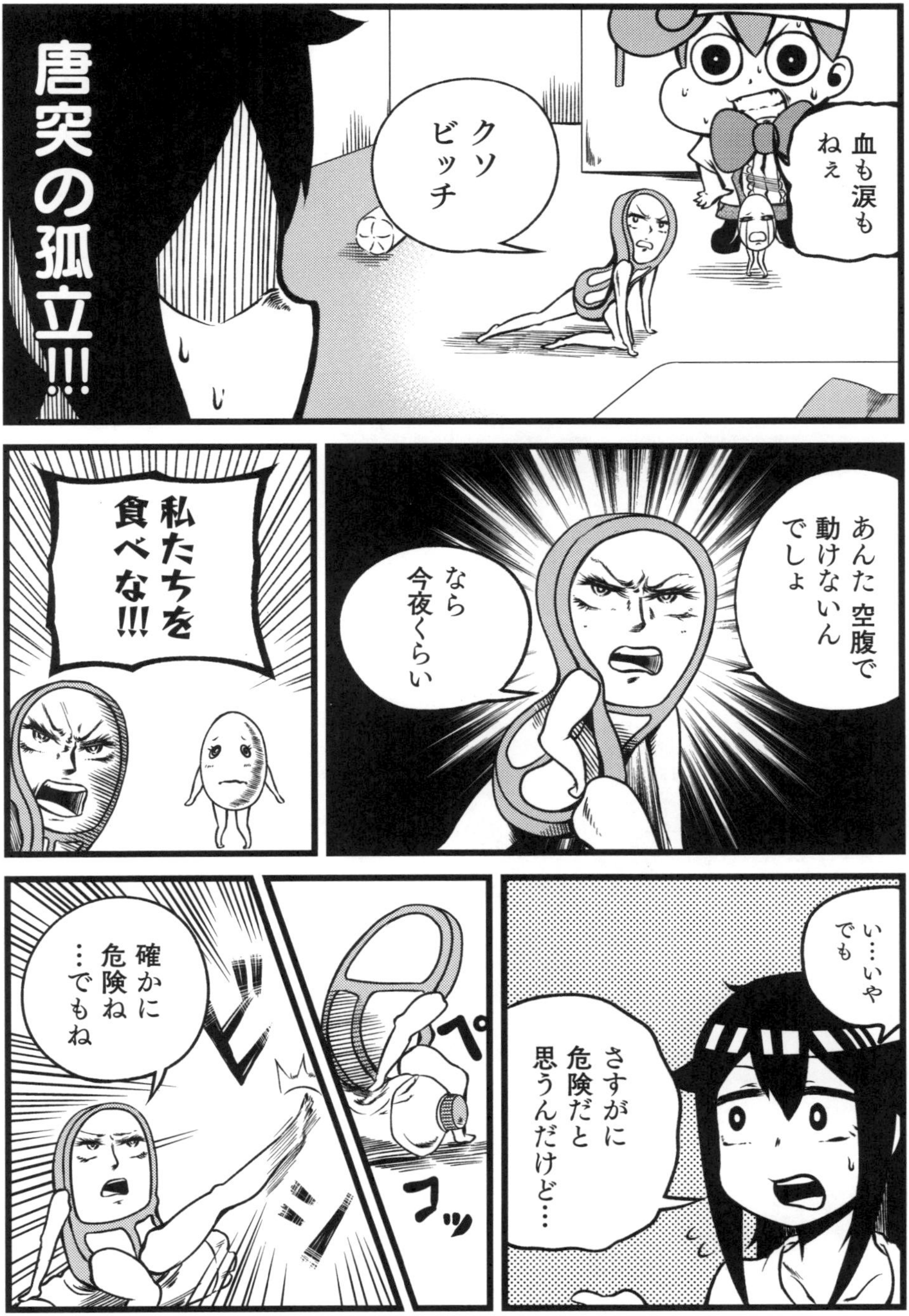
血も涙もねぇ
クソビッチ
唐突の孤立!!!
あんた 空腹で動けないいんでしょ
なら今夜くらい
私たちを食べな!!!
い…いや でも
さすがに危険だと思うんだけど…
ペコッ
確かに危険ね …でもね

まだ食べられるかの判断はね
適切なプレイで決まるの
プレイ
？
？
私の場合酢水さんと…
酢
びしょ濡れになって
ああん
臭いが取れたらまだイケるわ
あでもしっかりと熱々にしてね

コケー
早まるな
わ…私卵は
水に浮いたらアウト
ザザー
中がぐちゃぐちゃだったり
異臭がしたりした時もだめです…
加熱してもだめです
パッカ
時すでに遅し!
ピシッ
今回は私たち自身が言ってるから
実際に食べられるのだけれど
心配なら実践してみな
…食べてくれると生まれてきた甲斐があります
ボボン

ベチッ
コロン
ポン
…
臭いはないか
酢水
肉のかけら
コンコン
パカ
PiYo
うん崩れてないし
臭くないな
ジュー

テッテレー
パク
お腹すいてたからかな……
超うめぇ
そりゃ新鮮な方がいいに決まっているけど
でも
お肉さん卵ちゃん…

安富あんず 様（口座番号 XXX-XXXXXXXX）

摘要（お客様メモ）	お支払金額	お預り金額	差引残高	所持金	年月日
ご新規	0	0	255	21	18.XX.XX

現在の所持金： 21円
貯金残高　　：255円
給料日まで…：残り19日

楽しい節約生活への道

Lesson 2

冷蔵庫は節約の宝庫

教えてくれる人

「賞味期限切れた」肉

肉と卵についてはなんとなくわかったけど、食べ物の保存方法を知ることって結局、お金の節約になるわけ？

あなたって本当にわからず屋ね。肉と卵に限らず、食材の正しい保存方法を知っておけばもっと長持ちさせられるから、新たに食材を買ってお金を使わずに済むわ。というか、そもそも「食べられない」食材が冷蔵庫に入っている時点でダメなのよ。元々買う必要のなかったものかもしれないじゃないの。

確かに……。

だいたい、あなたは**必要のない食材や調味料を買うことがどれくらいの無駄遣いなのか**全然理解してないでしょ。一度冷蔵庫を整理してみなさい。冷蔵庫の中身を全部出して、戻すものと捨てるものに分けるの。たぶん、あなたの冷蔵庫には2万円分くらい捨ててるものが詰まってるわ。

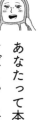

2万!? ワンピースが……買える……!!

んもう! 節約の話をしてるのよ! **捨てるものがあるってことは、普段から無駄なものを買っているってこと**。自分がどういう時に、どういう考えで無駄なものを買っているかを知って改めていけば、2万円どころか何十万円の節約になるかもしれないわよ。冷蔵庫は自分を映す鏡だと思って整理してみて。

何十万……ワンピースが何枚も……。

ちょっと!! 架空の節約で妄想をふくらませるのはやめなさい!!! とにかく、今回は、食べ物の保存方法について教えておくから（次ページ参照）。あなたみたいな初心者はそっから始めなさい。そう!! 簡単よ!! 良い男（肉など）と良い女（野菜など）に適切なプレイ（保存法）をするだけでより良い関係（美味しく食べられる期間）が保てるのよ。

（ん? 食材保存の話だよね?）……へぇ、大根って冷凍できるんだ。次買ったら冷凍大根の煮物してみよ。ジャガイモとリンゴを一緒に置いておくと芽が出にくくなるんだ! 食材保存って奥が深いんだね。

Check

主な食材の保存方法

肉	鮮度がいいうちに冷凍保存する。細切れなら肉同士がなるべくくっつかないようにするのもポイント。加熱や調理後のものはより保存性が増す。
魚	頭、内臓は腐敗しやすいので取り除く。その後塩で揉み、キッチンペーパーなどで水気を取り、ラップで包み冷蔵。２日持つ。
切り身魚	パックに水が溜まってないものの方が長持ちするので購入時にチェックする（切り身は一般的に一度冷凍されたものを解凍して売られているため、解凍時に水分が出やすくなる）。
卵	通常、下部には気泡があり、浮力により中身に接触して劣化しやすくなるので、とがった方を下にして冷蔵保存する。殻の表面には保護成分があるため、洗うのも避ける。
レタス	中の水分を保つよう、芯の切り口に小麦粉をつけてラップをし、冷蔵保存。
キャベツ	芯をくり抜き、濡れた綿かキッチンペーパーを詰め、ラップをする。外側から使う。
ほうれん草	湿らせた新聞紙で包み、立てて冷蔵保存。冬はベランダ等でも保存できる。
トマト	周りの水気をしっかり取り、ラップをする。冷蔵保存、冷凍保存も可能。解凍後は皮が剥きやすくなり、スープ、ピュレ向きになる。
大根	細かく切り、冷凍保存が可能。解凍後は味が染み込みやすくなり、煮物などに最適。
ジャガイモ	リンゴと一緒に置いておくと、リンゴから分泌されるエチレンガスの作用で発芽しにくくなる。芽が出てしまっても食べられるが、芽の緑色の部分は毒があるため、しっかり取り除かないと下痢をする恐れがある。
その他 根菜	夏以外であれば、日の当たらないベランダなどで保存が可能。
しいたけ	石づきの方を上にして並べ（重ねないこと）ラップをする。ラップに少し穴をあけ、空気が入るようにして冷蔵保存。
カイワレ	販売時に付属している容器に入れたまま冷蔵保存。少しずつ水を与えることで、いつでもシャキッとした歯ごたえが楽しめる。

ニンニク	夏以外は干す。夏は発芽しやすいため冷蔵保存。ビンなどに醤油かサラダ油で漬け込んでも保存可能。
生米	保存時にニンニクを一緒に入れておくと防虫効果がある。
豆腐	皿に乗せてラップをし、レンジで1丁につき約1分（湯気が出るのが目安）温めた後、水を張ったボウルに入れる。2、3回水を入れ替えたら、水に浸したまま冷蔵保存。毎日水を替えていれば3、4日は冷奴で楽しめる。
もち	焼酎などのアルコールを表面に塗り、ラップをして保存するとカビ対策になる。
レモン	使いきれない場合は、汁を搾って製氷容器に小分けにして凍らせておくと便利。
みかん	一度段ボールなどから出し、外気に当てる。入れ直す際に重ならないように新聞紙を挟むと潰れたり、腐ったりしにくくなる。
イチゴ	水気が原因で劣化が起きてしまうので洗うのはNG。ヘタも取らずに保存する。砂糖をまぶしてから冷凍保存すると、冷凍で劣化する甘みを補える。
ヨーグルト	上に溜まっている液体（乳清）は栄養があるため捨てるのはNG。消費しきれない場合は冷凍保存するとフローズンヨーグルトになる。冷凍庫から出してから約30分後が食べごろ。
ケチャップ	逆さ保存はNG。重力で蓋から水分が出て劣化してしまう。
マヨネーズ	容器の中に空気を入れないように使うと、良い状態を保てる。
醤油	常温だと酸化が進み、風味が落ちてしまうので冷蔵保存が好ましい（諸説あり）。
砂糖	砂糖は臭いを吸収してしまうので、キッチン周りの少し離れたところで保存すると良い。たまに一部が黄色になる現象があるが、微量のアミノ酸によるメラード反応という科学反応で、品質には問題ない。固まってしまった場合は、食パンの欠片を入れておくとほぐれる。

保存法を工夫する以外にも節約する方法があるわ。たとえば天ぷらに使った油、一回使っただけで捨てるのはもったいないわよね。実はその**油を再生できる方法があるの**よ。まず有名なのは、ジャガイモの皮を揚げると、皮が汚れや酸化物を吸収して油が綺麗になること。あとは梅干しを調理中に一緒に入れておくと、油の劣化を抑制する効果があるの。一説には梅干しのアルカリ性が酸化を防ぐと言われてるわ。

へえ！　そりゃ知らなんだ！　でも実際一人暮らしでそんなに揚げ物ってしないなあ。準備もたいへんだし。

確かにね。そういう時は**衣のつなぎにマヨネーズを使うと、フライパンに油をひくだけでフライができるわよ。**油も節約できるし、準備も片付けも楽チンよ。

それはやってみたいかも！　ところでちょっと気になったことがあるんだけど、保存法とかとはちょっと違うんだけど……。すごい曲者がいることに気がついた。

!?　新しい男でもできたの!?　修羅場!?

あ……いやその。よく牛乳のパックとかに書いてある「開封後はお早めに～」ってやつ、

実際いつまでＯＫなのかなって。

ああ！　それね。確かに少し厄介なところではあるわね……。これは知っておいて損はないかもしれないわ。知った男の数ほど女は成長するものなのよ。

恋愛にたとえるとむしろピンとこなくなる気が……。

コレを見なさい！（下表参照）

へー。なんかこうやって新しいこと知るとテンション上がってくるわ。

ゾクゾクするでしょ♡

ゾクゾクはしないかな。

開封後……いつまで飲める！？

牛乳	ミネラルウォーター	炭酸飲料	ペットボトルなどのお茶
開封後１～２日。ラッパ飲みは雑菌の元。	開封後１週間。「ナチュラル」「ミネラル」「ボトルド」の順で殺菌が強化されている。	開封後２～３日。「気抜け」は微生物が繁殖するサイン。	開封後冷蔵で１週間。風味は２～３日で落ちる。

野菜ジュース	酒（日本酒、ワイン）	スポーツドリンク
開封後２～３日。紙パックタイプは腐りやすい。	開封後冷蔵で１週間。その後は料理で使うのが良い。	開封した当日中が好ましい。栄養がある分、カビなどが繁殖する恐れがある。

ジャー
サァァァァァァ
よいしょー
ドスーッ

ちょ！
なに堂々と
見てんの⁉
…
なんか
リアクション
しろよ‼
うーわ…
ドン引き
じゃねーか‼
ちく
しょう！

第3話

ライフラインを見つめなおそう!

まったくもって
なってない!!
や！自分で言うのもアレだけどスタイルはけっこう…
飛ばずに木にいる
常夏のヘラク
ちがーーう!!!
おもいあがんな!
ライフラインの節約意識のことだよ!!
ドドン
今日1日ずっと見てきたけど
ピピピ
ゴオオオォ
トイレトイレ♪
さっき行ってなかった?
ジャー!!
ザ～～
ああ～～もったいない

節約にとって重要なことのひとつが
ライフラインだ!!!
コオオオォォ
オオオ
いかに重要か今から教えてやる!
いでよ!四天王!!
四天王!?
ピカーッ
シュー……

我ら
ライフライン四天王！！
なんかキモくない!?
冷蔵庫が動いたせいでゴキブリが出てきた！
ぎゃあああ
G
カサ
G
カサ
僕に任せて！
クーラーが処理した!!

最後は私が
ポイッ
トイレが始末した！
ジャー
ボボボボ
風呂が唐突に湯をためはじめた
なんだコレ!?
ガバッ
ザクッ
ゴボッ
ブハ！
助けて
ボッ
顔そこにあったのかよ！ダメじゃん!!
あんずさん
スッ
ビクッ
クーラーは時期じゃないにしても
冷蔵庫はあけっぱで
私はゴキブリの始末に約６Ｌの水を使った
風呂はムダに湯をためてる
ジャー
ピクピク

なぜ そこを ツッコまない？
節約意識 たりてない なぁ
ムチャ 言うな!!
ポイさん コレは相当 ですね…
ヒソヒソ
なに この トイレ！ 腹立つ!!
大目にみて やってくれ
おまえも 腹立つぅ!!
!?
ぐいぐい
いいこと 教えてあげる
簡単だよ

僕に ついてる 室外機をね
そう アレをね
あの 外に あるヤツ？
動かせる 範囲で 壁から離して
通気性を よくする とね
風
最大約20％ 電力を抑え られるんだ！
え⁉ そんな に⁉
固定されてたり 場所的に 移動ができない パターンも あるけどね
おいらも その要領で
あ しゃべる んだ
周りを15ｃｍ くらい あけると
熱がこもらず 節電になる っぺ
15cm
へー

もう
う○こするな
ムチャ言うな!!!
まぁ
トイレはまず
水の消費量を
知ることだ
スッ
小は1回で
約6L
あ
ポトン
大は1回で
約10L
使っている
あ
だからといって
大を小流水で
流すのは
NGだぞ
大小ともに適切な
水量で流してるから
守らないと
便器が詰まって
修繕費がかかるぞ
トイレって
そんなに
水使って
たんだ

お…お風呂の場合は
ニョロン
シャワーがキモでよ！
うわ！なんか増えた！
どうもシャワーです
シャー
見たらわかるよ！
風呂をためるには約１８０Ｌ必要だからシャワーの方がお得なんだけど
だからといって侮れない！
シャワーは毎分12Ｌも水が流れているの
しかもお湯だからガス代もかかるの
さっきみたいな出しっぱは禁止！
対策として節水シャワーヘッドに換えるのがオススメ
2000円くらい
年単位で考えると元がとれるよ

この四天王
手取り足取り教えてくれる
どうだ？思い知ったか？
…ん？
でも
今の現状がヤバいのに
成果出るの来月じゃん
ジャー…
水に流そうや
うまくねーよ!!!

楽しい節約生活への道

Lesson 3

ライフライン

教えてくれる人
「ライフライン四天王」
トイレ

水に流すって言ったって、こっちはもう赤信号なんだけど!? 月末に請求がくる光熱費が安くなったところで焼け石に水なんだけど!?

電気、ガス、水道などのライフラインは大抵月単位での料金計算なんだから仕方ないじゃないか。そんなにカリカリしてたら便秘になるぞ。

レディに対してはもっとデリカシーのある発言してもらえるかしら?

トイレの蓋で殴らせてもらっていい? とりあえず、**すぐにでも節約できるライフライン**の使い方を次ページの表にまとめといたから見てくれ。この機会に日頃のズボラな使い方を反省するんだ。

はいはい、わかりましたよー。

＼ Check! ／

節水・節電のコツ

エアコン 	●風量はあまり電気代に影響しないので、「強」に設定することで部屋が冷える時間が早くなる。 ●室外機周辺の通気性を良くすると◎。打ち水も効果的。 ●照明を白熱灯からLEDに換えると、電球からの発熱が抑えられ、冷房が効きやすくなる。 ●除湿（ドライ）モードは冷房よりも消費電力が大きいのでできるだけ使わないようにする。
冷蔵庫 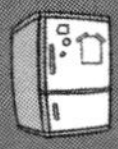	●冷蔵庫の周りを少し空け、電気による熱がこもらないようにする。 ●ものを詰め込みすぎないようにする。 ●100均などに売っている冷蔵庫用カーテンを使うのも効果的だが、ドアポケット側のものが冷えにくくなる、中身を取り出すのに不便を感じやすい、といったデメリットもあるため、使用時は工夫が必要。
トイレ 	●暮らしの中でトイレが一番水の消費量が多い。 レバーの大と小で水の使用量に約2Lの差があるので使い分けが重要。 ●トイレの回数を減らすにはこまめに水分を補給するようにする。がぶ飲みすると胃液が薄くなって水分の吸収量は6割に落ちる。残りは尿として出てしまうため、トイレの回数も増える。
お風呂 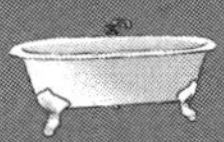	●節水シャワーヘッドに換えるだけでかなりの節水になる。 ●生活の中でお風呂は最もガスの使用量が多い。 ●湯船に溜まっている水を沸かしなおすのはガスの消費効率が悪いため、お湯は追い焚きするより新しく入れなおす方がガス代はかからない。残り湯は他のことに活用するように心がける。
掃除機 	●起動時に一番電力を使うので、できるだけ一気に済ませる。延長コードなども使い、電源を落とさずに全部屋に行けるようにすると良い。 ●フィルターはこまめに掃除して吸引力を保つ。 ●掃除機の使用は最低限にし、ちょっとしたスペースはワイパーなどを使う。
洗濯機 	●ためて一気に洗濯する方が節水になるが、8割以上詰め込むと洗濯機のパフォーマンスが落ち、故障の原因になる。 ●洗剤は量をしっかり守る。多すぎるとすすぎ回数が増えて逆効果になる。当然のことながら洗剤は水よりも高い。
炊飯器 	●保温機能の消費電力が多いため、保温はなるべく止める。冷凍ご飯を電子レンジで解凍する方が節電になる。 ●保温機能をちゃんと切ってからコンセントを抜かないと、故障の原因になるので注意。

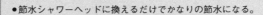

確かにこれならすぐ実践できそうだね。

あともうひと押し気張るとしたら、**電力会社やガス事業者などの契約先や料金プランも検討**することだな。

げっ、なんかめんどくさくなってきた。

確かに和式トイレ並みに扱い辛い話題ではあるけどね。

あんた、下に絡めて発言するスタンス一切崩す気ないわね。

とりあえず現状を検査することが大切なんだ。検尿みたいに気軽にしてみたらいい。あんずは一人暮らしだけど、部屋を借りた時、ライフラインの契約先はほぼ自動で決まってたよね？

うん、大家さんから案内された業者に連絡した気がする。まあその方が確実だし、特にこだわりがあるわけじゃないし……。そもそも建物によって固定なのかと思ってた！

今は様々なエネルギーが自由化されている時代だから、**事業者の変更は可能**なんだよ。別にすでに決まっている、または推奨されている契約先が悪いわけではないけど、比較対象は増えている。一度事業者や料金プランを検討してみるのは節約において大切なことなんだ。

なるほどですー(＾＾)

お前本当に興味あるか？　ただ、気軽に考えるのも大事だからな。ちなみに事業者を変えなくても、**電力会社との契約アンペア数を見直すことで、電気代が大幅に削減できることもある**。まずは自分の部屋で使っている電気の量、つまり総アンペア（A）数を計算してみよう。そしたら今どれくらい電力が必要なのかがわかる。それに応じた電気料金プランに入ると良い節約になるぞ。一般的なA数と基本料金はこんな感じだ（次ページ参照）。出た計算結果を照らし合わせながら各社のプランを見てみると良いよ！　一人暮らしで掃除機がないとか、家でPCは使わないとか人によって違いがあるはずだ。A数が足りていなければ上げるべきだし、逆に余っていたら下げるとぐっと節約になるんだ。

主な家電の電気使用量

エアコン	冷房 6A ／暖房 7A
冷蔵庫	2.5A
照明	1A
電子レンジ	15A
炊飯器	13A
掃除機	2A
テレビ	2.1A
携帯電話	1.5A（充電時）
PC	2A（充電時）
アイロン	14A
ドライヤー	12A
洗濯機	2A

大手電力会社の電気料金単価表（基本料金）

10A	280 円 80 銭
15A	421 円 20 銭
20A	561 円 60 銭
30A	842 円 40 銭
40A	1123 円 20 銭
50A	1404 円 00 銭
60A	1684 円 80 銭

※ 2018 年 8 月現在

ドライヤーが結構高いんだなぁ。ただ絶対使うものだからそのぶんはちゃんと想定して計算しなくちゃね。

まあ一度にすべて使わなければ良いんだけど、その考えは必要だね。いざという時にブレーカーが落ちてしまうと元も子もないからね。

ただ問題が一つ……。最近電化製品触ってなかったから気づかなかったけど、うちの家電、8割壊れてたわ……。

どこまでズボラな生活してたんだよ……。

第4話 これは売れる？ どうやって売る？

おい
見せろよ〜〜
見せろって—
え—
やだ—
財布の中身
見せろって—
ジュンッ
やだ もう
ガッ
ポ…へ…
21円

おお
なるほど
懐が大寒波じゃねーか
うるせー!!
節約してても多少の消費はするんだ!
これじゃあ節約以前の問題じゃないか
…って聞けー!!
……
…こうなったら

お金を増やすしかないか
パカッ
で どうやって?
聞きわけよくなりやがった!!
最終手段
ものを売る

ファッションは私のアイデンティティの砦
誰にも渡しゃしないよ
確かに衣類やアクセサリーはお金になりやすいけど
それを強制するほど我も鬼にはなりたくないな――
シャ
ピ
こうなったら
お金に詳しいものに聞こう
カーン
シュ〜‥‥

さ…寒いんです
プル
プル
プル
私の財布!?
ホラー!!
だれか…懐にぬくもりを…
え~…
ヒュー
パッポウ
え…服を売らないんですか…?
え…
そ…そんな
なんかごめんね!!
そんなわけで
このゴミ屋敷でも売れそうなものってなんかあるかな?
辛辣だ…

売れそうな…もの
汚な…すぎる…
もういいだろそこは!!
希望はないのか!?
…
!!?

あった
あった!
むかし使ってた
ガラケーだ
はぁ…
ギュ
しかもコレまだ生きてる
あったかいエン
つまりどういうこと!!?

今や過去の遺物となったガラケーだけど
もはや目覚まし要員だよね
実は一部の人には需要が高まっているんだユーロ
そうなの!?
エン…?ユーロ…?
スマホが主流となった今どの会社もガラケーの生産を止めつつある
スマホの時代やで!
D社
だけどスマホは高いし使いこなせないから通話だけでいいって人はけっこういるドル
アプリ×
¥
そういう人にとってガラケーは手に入りにくい貴重な存在になっているんだウォン
だから中古でもほしい人はけっこういるのゲン

あとつけくわえるなら
説明書も残してあるとなおいいペソ
パカッ
これはガラケーに限った話じゃなくて
電化製品の説明書って案外ネットでも探せないからなくして困るケースがあるんだフラン
説明書どこだー!!
だからいらなくなっても捨てずに
スゥ…
持っておくのもありだズロチ
あったぞ説明書
……
こういうとこは律儀なのな
あったまったら
キュピーン
語尾に通貨つけはじめた

あと売り方だけど買取業者には種類がふたつあって
音楽専門
フィギュア専門
CD専門
ゲーム専門
などなど、、、
or
come on!!
なんでもいいよ!
特定のジャンルを取り扱う「専門買取業者」といろいろなものを買い取る「総合買取業者」があるループル
一攫千金を狙うなら断然専門買取業者
総合買取業者はまとめて買ってくれるけどレアものが買い叩かれることもあるから注意だバーツ
最近はフリマアプリも活発だしそれを使ってみるのもまた一手だルピア
出品物
中にはオンライン動画で直接取引できるサービスもあって幅が拡がるソル
わ
このガラケー相場けっこう高い

安富あんず 様（口座番号 XXX-XXXXXXXX）

摘要(お客様メモ)	お支払金額	お預り金額	差引残高	所持金	年月日
ご新規	0	0	255	2021	18.XX.XX

現在の所持金：　2,021円

貯金残高　　：　255円

給料日まで…：残り18日

楽しい節約生活への道

Lesson 4

ものを売る

教えてくれる人

「あんずの大寒波」財布

ガラケーは売れたけど、この際だから、ほかにも売れるものジャンジャン売って大儲けしたいわ。

発想だけは裕福なんだゲン……今回は買取店に行ったけど、最近は特に**フリマアプリでの売り買いが盛ん**なんだポンド。欲しい人と直接やり取りができる分、リサイクルショップより高く売れることもあるエン。特にあんずのような若い年代だとスマートフォンで利用できるフリマアプリは使い勝手がいいと思うウォン！

フリマアプリかぁ。前から興味はあったんだけど、実のところ最近いっぱいありすぎてよくわかんないんだよね。

そんなあんずのために今ある有名なフリマアプリをまとめてみたドル！ 書籍、ファッション、家電、アクセサリーなどそれぞれのアプリに得意なジャンルがあるんだペソ。

＼ Check! ／

おすすめフリマアプリ一覧

メルカリ **【オールジャンル】**	フリマアプリ利用者の94%が利用している最大手アプリ。写真を撮る→商品説明を入力→出品の３ステップで完了するスピーディなところが人気。商品の約半数が24時間以内に売れるというところもスピーディ。利用者が多いだけあってモラルの範囲内であればなんでも売れ、使いかけの口紅やシャンプーなどにも買い手がつく。入金、出品のトラブルを防ぐシステムもあり、匿名配送にも対応しているためプライバシーの管理も安心。どこに出品するか迷った時は、メルカリにしておけば間違いない。
ラクマ **【家庭用品、** **キッズ用品など】**	楽天が運営するサービス。 楽天ポイントが使用できるのも特徴で、主婦層が有効期限ぎりぎりのポイントを駆け込みで使っていると言われる。入金、出品も楽天が仲介しているのでトラブルになりにくく、普段から楽天のサービスを利用している人には一番とっつきやすいかもしれない。Twitter、Instagram、Facebookなどの SNSに商品ページをシェアすることもでき、より多くの人に宣伝ができるのもうれしい。
オタマート **【アニメグッズなど】**	毎日15万人以上のオタクがチェックしているサービス。 アニメやゲーム、同人誌などサブカルチャー物が多く取引されている。マニア向けだけあって、購入希望者とメッセージをやりとりした上で、一番大切にしてもらえそうな人を選ぶことができる。ジャンルが限定的なので、出品も購入も気が楽だというユーザーも多い。マイブームが去ったグッズを出品してみるのもありかもしれない。
ブクマ！ **【書籍】** 	本専用のサービス。本のバーコードを読み込むと商品情報が登録され、あとは希望価格と本の状態説明（例文も用意されている）を記入するだけで出品できる。 本限定ではあるが、手間がかからずフリマ初心者向け。購入者とのチャットも可能なので本好き同士で会話もでき、本屋さん気分も楽しめる。ビジネス書、ハウツー本などが売れ筋。

ショッピーズ **【オシャレアイテム】** 	女性をターゲットに開発されたサービスで、ファッションアイテムの需要が高い。 注目は他のフリマアプリにはない「FanFun」というページ。ユーザーのコーディネートが日々更新されており、着回しの参考にしたり、何が売れているか、という判断材料にしたりできる。また、コーディネートを投稿したユーザーには、ブログでいうアフィリエイトに似た仕組みで収益が入るシステムもあり、従来のフリマアプリとは違った楽しみ方ができる。
ジモティー **【家具や日用品、** **生活用品など】**	地域密着を売りにしたサービス。 地域ごとにつくられている掲示板を使って売買や物々交換ができる。日用品から不動産、求人、イベントのお知らせ、ペットの里親募集など多彩なジャンルの情報が掲載されている。節約という観点で言えば、最大のメリットは近隣に住む人同士でのやり取りがメインであること。 商品の受け渡しで「手渡し」を選択すると送料も０円で済む。家電など、処理にお金のかかる不用品を処分する時に活用したい。

2019 年 4 月現在

やっぱり結構あるね。でも思ってたよりどれも簡単そう！

ただ注意しなきゃいけないこともあるペソ。ネットを介している分、トラブルもつきものなんだエン。だからある程度の知識を持って、うまく使いこなすことが重要だズロチ！　たとえばフリマアプリ内でよく使われる専門用語！

トッポギ（突然六本木に行く）、フロリダ（風呂に入るから一旦離脱）的な？

う、うんまあ当たらずしも遠からずだルピア。たとえば、ノークレーム・ノーリターン・ノーキャンセル。通称３Ｎ！　**基本的に、フリマアプリでは返金、返品を拒否することは禁止されている**んだ。でも、禁止されているにもかかわらず、暗黙の了解として３Ｎを記入している出品者もいるんだバーツ。だから返品・返金についてのお互いの認識がずれたままコンタクトを取って、トラブルの種になることもあるんだルーブル！　あとは「横取り」とかも気をつけなきゃいけないビットコイン。

横取り!?

横取りはチャットやメールなどのやり取りですでに購入者が決まっていても、まだ手

続きを終えていない時に、他の人に先に購入されてしまうことを言うんだポンド。売れたなら良いじゃないとは思うけど、フリマアプリでは買い手との繋がりや信頼関係も大切だから、ちゃんと一度コンタクトの取れた人に買ってもらうのが一番なんだウォン。その横取り防止として、購入してくれる相手が決まったら、一旦設定金額の上限、たとえば９９９万円と設定しておき、誰も買えないようにしておく技があるんだゲン。だからフリマアプリを見ていてベラボーな値段のものを見つけても、決してふざけているわけではないんだバーツ！

むしろそのタイミングで横取りしてもらいたいけどね。

この調子だと私が太るのはまだまだ先のようだ……ペソ……ペソ。

……通貨の名前使ってメソメソみたいに泣くのやめてもらっていい？

あんずのこの服超プレミアついてるぞ！
バッ
触れるんじゃねえ!!

第5話

食べられる系雑草アイドル、ザ・ソウル登場！

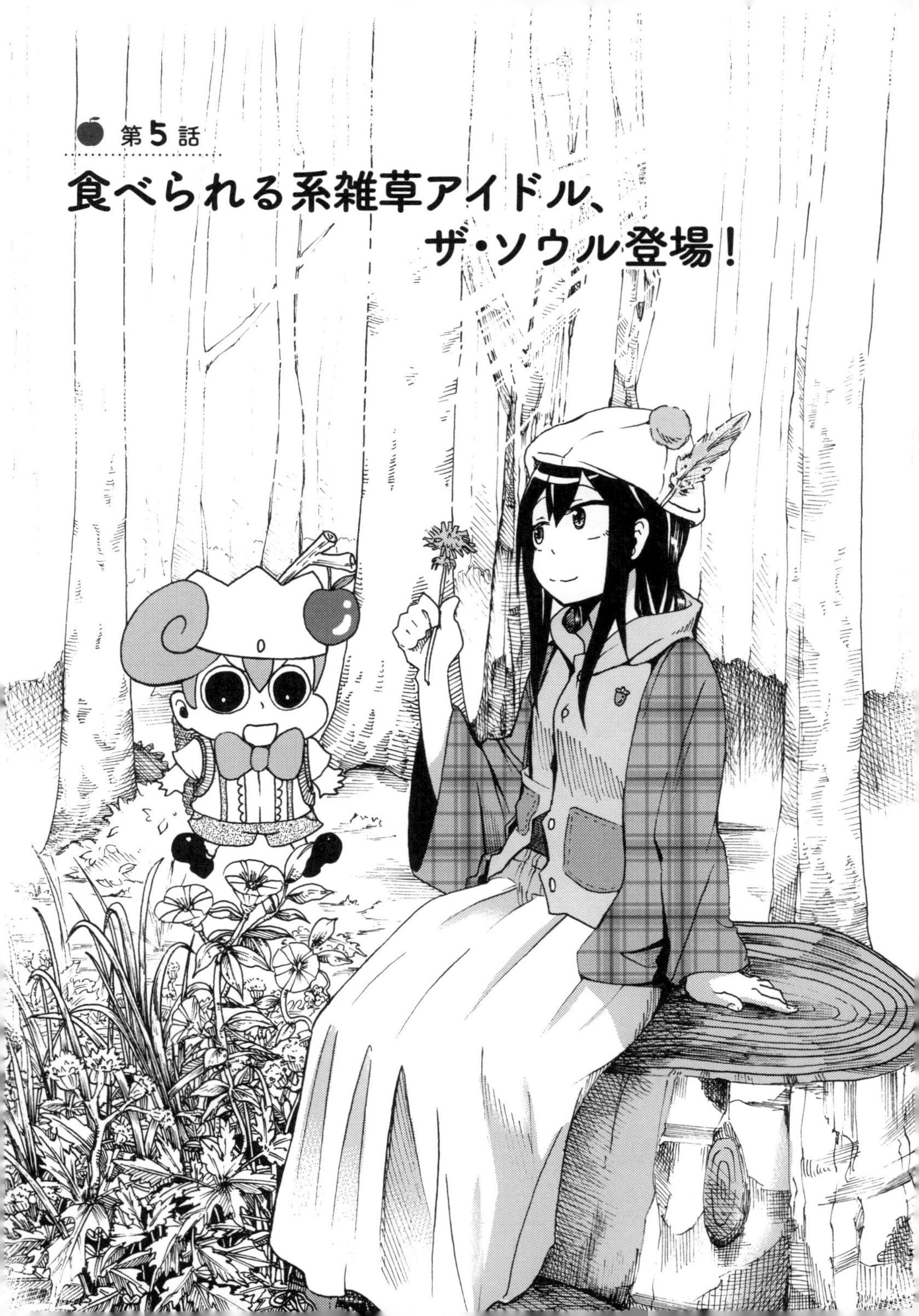

ギャアアアアアァ
パサ
パサ
や…やめろ!
食べ物は
食べるものだろ!!!
そのリンゴよこせ!!
い゛い゛い゛い゛い゛い゛や゛ぁ゛あ゛あ゛あ゛

もう本格的に食べ物がない
なら私の判断は正しいはずだ
セイッ
これは食べ物じゃない
「器」だ
このリンゴは成果を積むにつれて熟し
完全に実った時ほおばることで
一人前の妖精になれるんだ
あ一応食えるんだ
まぁうん

パポウ
ハァ ハァ ハァ ハァ ハァ ハァ ハァ
ち
ん
ぐ〜
給料まで
あと17日

じゃあ天気いいし散歩で気分転換だ
この状況でそれは哀しくない!?
さあ
動けなくなる前にレッツラゴー
疲れるし普通に嫌なんだけど
フフフ
タダの散歩じゃないぞ
グルメを追い求める旅だ
?
??

よし
行くか
外面だけよくしてもダ…
ピタッ
で
ハァ
ハァ
ハァ
ハァ
ハァ
どこ行くの？
なんて？

公園・・・
まあベタではあるけど
あんまり変なことすんなよ
一応私保護者っぽく見えるし
あら～
かわいいお子さんね～～～
パッ
ありがとうございますぅ――
若いのに子育て偉いの――
いえいえ――
ピタッ
キュイイイイイン

イ゛ワー!
お迎えかい？
違いますおばあちゃん
そういえば今日は目が眩むほどの直射日光が降り注ぐ夏日だそうで
今日は家でゆっくりしてください！
ポイ

ガッ
大地に元気に咲き誇る！
ノゲシ
美しく香る
ヒルガオ
ヨモギ
ノビールノビール
ノビール
そして私たちを
プロデュースしてくれる

ポイP
パン
ザギンでシースーイタオドロ
パン
私たち食べられる系雑草アイドル
ザ・ソウル
ちょっと待てーい!!!
なんかもう
いろいろつっこみたいけど……
雑草がアイドルって
意味不明だわ
アンチにも立ち向かう
雑草魂
ザ・ソウル
じゃかましわ!!
てかポイそのキャラやめろ!

なに？
また命
吹き込んだの？
左様
食べられる
雑草たち
にね!!
あ――……
だから
公園か……
グルメの旅……
なるほどね
えっと…
ごめん

雑草はさすがに嫌…
ガーーン
食べられるのは聞いたことあるけど
結局 天ぷらか茹でるだけでおいしいイメージないし
ガガーン
てか普通にダサイ…
ガガガガーン
楽しそうだなおまえら

ズーン
ウチのアイドルになんてこと言うんだ！
恨みでもあるのか!?
たかが雑草だぞ!!!
おまえもけっこうけなしてるぞ
プロデューサーここは私に任せて
私はノゲシ！
雑草根性見せてやんよ！
調理法は？
えっ…と茹でて…あえものとか
天ぷらとか…
私の番ね
頼んだヒルガオ
調理法は？

あえものか
天ぷらよ
ヨモギ
天ぷら
ヒュ――――…
ノビ～ル
ノビル…!!
ノビール
ノビル
ビル
生ノビルと味噌
バーン
そ…そう！
ノビルは生で
食べることが
できるの！
なら
火を通した方が
安心だわ

ズ〜〜ン
ズボッ
ザ・ソウル
どこいった?
チャンネー
チャンネー
営業妨害だよ
営業妨害
じゃあ
雑草の
いいとこ
教えてよ
うっ・・・
おい
まだいる
5・・・人目
・・・センター・・・
ザッツ
ライト
?
大本命の
ご登場だよ!

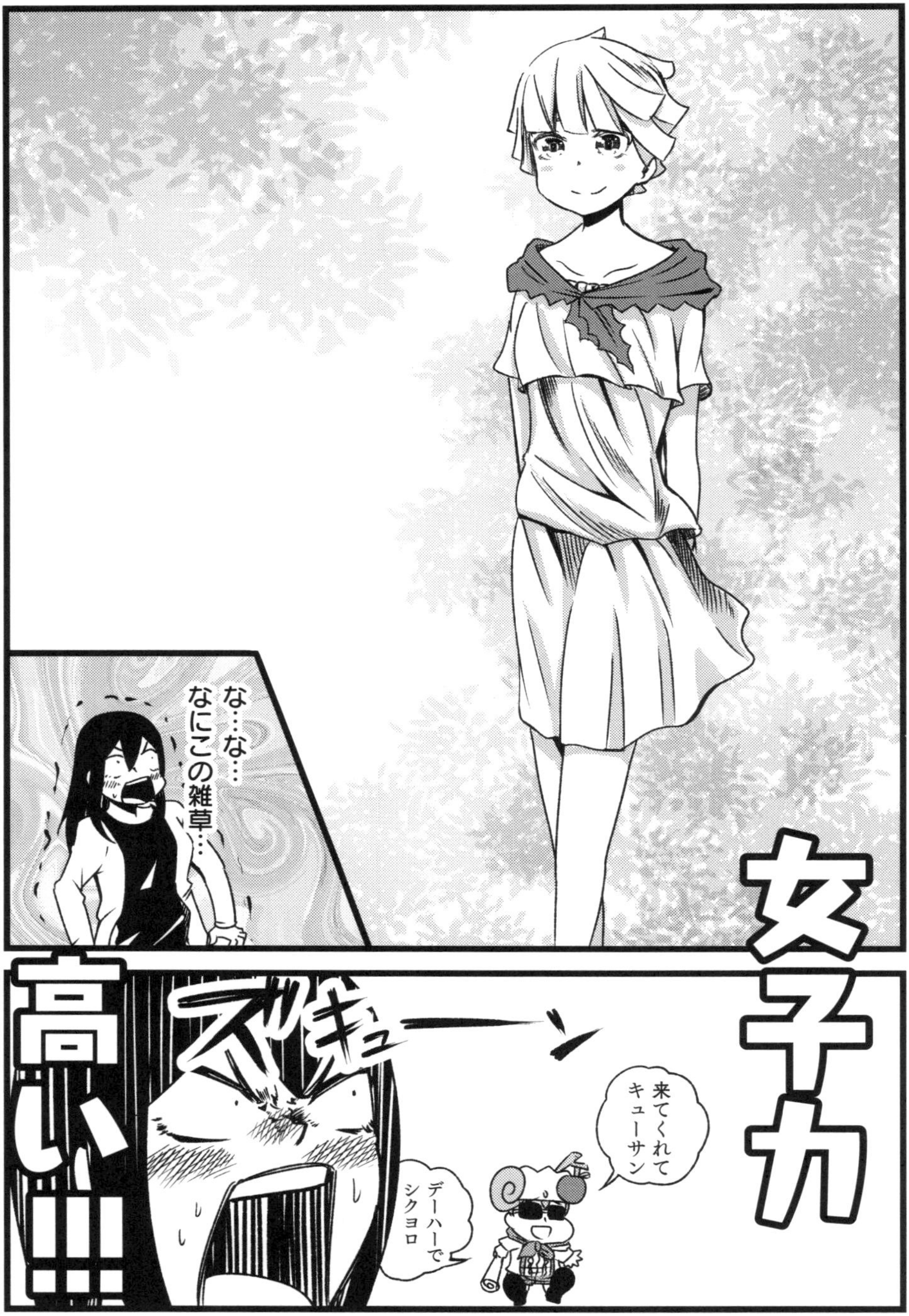
な…な…
なにこの雑草…
女子力
来てくれてキューサン
デーハーでシクヨロ
ズッキューーーン
高い!!!

第6話

センター現る！ その雑草の名は。

やだ
なにこの美人!?
い…いったい
なんの草
なんだ——!?
タンポポポ!?
ブオン
日光浴
してたの
なんで
すぐ来て
くれないの

タンポポ!!?
シクヨロ
シクヨロ
あのタンポポ!!?
あら
あなたね
パァッ
雑草を
ディスっ
ちゃった人
よ…容姿端麗
私の憧れてる
クールビューティ
女子力の権化や──!!!
地中海
?

私
セイヨウタンポポは
ヨーロッパでは
ハーブなの
ハ…
ハーブ!?
ドキッ
ヨーロッパ
ハーブティー
女子力
レベル90
(あんず基準)
ハーブ
ハーブ
ハーブ
ハーブ
パン
パン
せーの
おまえらは
違うからな!!!

花からはワインビール
葉はサラダハーブ
根からはコーヒーができるわ
すごいタンポポさん
トゥンク
全身が女子力だ!
こんなのが道端に生えてていいのか!?
チャンネーずいぶん気にいってるようで
う…うん
スッ
おまえのPキャラは気に食わんけど
女子力拘泥女陥落の巻
さすがセンター
おい
よし決めた!

今日から
ソロ活動だ！
ポイP
そんな
ウソですよね
ポイP！
ポイP！
まぁ
まぁ
解散じゃ
ないん
だから
なんか
リアルだな
雑草魂？
ザ・
ソウル…
……

ポイPさん
ソロのお話はお断りさせていただきます
こんなすばらしいメンバーから離れるのはもったいないです
私によく似ているノゲシちゃん
あなたもハーブとして売られているし意外とメニューは豊富なのよ？
ヒルガオちゃんはお花かわいいしケーキの飾りや香りづけにもってこい！
ヨモギちゃんはクッキーとかに入れたらおいしそう！
ノビルちゃんは…やっぱり生食ね
想像してみて！

道端
ティータイム
オオー!!
野生の
女子力

ザ・ソウル
再結成
ワイ　ワイ
いい
チームだ
おまえ
さっきから
調子いいな！
あんずちゃん
スーパーの
売り物だけが
食料じゃないの
困った時　暇な時
寂しい時　迷った時
楽しい時
いつでも
いいわ
私たちのこと
思い出して
みて
いつもと違った
楽しいことが
待ってるかもね

しかも
無料でね
ボボンッ
どう
だった?
もとに戻ってるし
どう
だった
って…
…なんだろ
外への見方が
少し変わった
…かな
サァァアアァ

そうか！
それは
よかった！
いででで
いや でも
今回は腹を
満たしに
きたんだぞ
確かに
雑草がいい食材
だってのは
わかったけど
できて
惣菜レベル
でしょ？
ならば
天ぷらだ!!!
結局
そこに
落ち着くの!?
まぁ でも
それでいいか
いちばん
主食っぽいし…
今度 いろいろ
試して
みよ
あれ？
あんず
ちゃん？

やっぱり
あんずちゃん
やん
チュ
チュ
か
加奈子
ちゃん!?
バッ
助けて
あんずちゃん!!
!?

楽しい節約生活への道

Lesson 5 雑草の可能性

教えてくれる人
「ザ・ソウル」タンポポ

ポイたちは雑草も食べられる！　って言うけど、やっぱり現実的じゃないって言うか現実味がないと言うか……。

あらそうかしら、雑草も立派な食材よ。

タ……タンポポさん!?

ふふふ、少し舞い戻ってきたわ。そもそも雑草って一口に言っても、実は定義ははっきりとしてないのよ。国語辞典には「自然に生える、いろいろな草」と書いてあるの。**人間の生活圏に、人間の意図とは関係なく生えている植物**をまとめてそう呼んでるだけなの。

確かにタンポポさんも西洋だとハーブと呼ばれているけど、日本では花をお刺身なんかの飾りつけに使うぐらいで、雑草として認識されていますね。

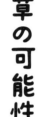

そうね、庭の草むしりとかではむしる対象になってしまうわね。やっぱり雑草たちは食用としてはアクが強いのは確かよ。調理するにしても、売られている野菜たちよりは一手間かかるのも事実。その手間とか栽培のしやすさなどを秤に掛けて落とされてしまったのが雑草。だから潜在能力自体はあまり野菜たちと変わりはないの。もちろん種類にもよるけどね。実際、ザ・ソウルのメンバーは全員美味しく食べられるわ。

どうやったらアクとか取れますか？　タンポポさんみたいなお花系とかは普通に使いこなしてみたいです！

アク抜き自体はとっても簡単よ。ほうれん草を茹でる要領で一度茹でるの。特にアクの強いものは塩をひとつまみ入れてね。茹で終えたら水にさらす。これを1～2回繰り返したら大体アクは取れるわ。

ちょっと面倒だけどこれは私でもできそうです！

せっかくだから今度オシャレな雑草レシピを紹介するわね♪

し、師匠（泣）!!

我のこともそう呼んで良いぞ。あんずよ。

そうそう、一番伝えたいことが他にあるの。

な、なんですか？　ドキドキ。

え、まさかのスルー？

それは……選び抜かれた野菜たちの中にも、実は雑草魂を受け継いでいるものがいるってことなの。

え、なんですかそれは！！！！！！

使った後、何度も育てられる**再生野菜**よ！（キラッ☆）有名なところだと豆苗とか大根の葉ね。切り取った後、また水をあげると育つ系のやつね。意外とこれができる野菜は多いのよ！　次のページの表を見て！

\\ Check! //

これが再生野菜だ！

キャベツの芯	・**用意するもの**　キャベツ、苗ポットなどの容器、水 ・**やり方**　キャベツに斜めに包丁を入れ芯を切り出す。芯を容器に入れ、少し浸る程度に水を入れる。数日すると茶色くなるが大丈夫。発根し葉っぱが育つ。水換えはこまめに。土に植え替えると長く収穫できる。 ・**メリット**　食べると胃の働きが整う。ストレスにも良いとされている。見た目がいいためオシャレ。 ・**使用例**　ピザトーストやポタージュスープなどの飾り付けとしても活躍。味はちゃんとキャベツなため、さまざまな料理に使用できる。
ドライトマトの種	・**用意するもの**　ドライトマト２～３個、水、苗ポット、鉢、鉢底石、培養土、支柱、肥料 ・**やり方**　ドライトマトを一晩水につける。苗ポットに入れた土の上にドライトマトを置き、その上に5mm程度土をかける。苗に第１花房がついた頃にポットから鉢に植え替える。あとは通常のトマトを育てる要領と同じように支柱を立て肥料を与える。 ・**メリット**　干し野菜は全体的に栄養価が高く、ドライトマトからできたトマトは生とは別の美味しさがある。 ・**使用例**　そもそも干すための品種なのでその用途に適した料理と相性がいい。サラダやスープ、ドレッシングなどにも良いかもしれない。
ミツバの芯	・**用意するもの**　スポンジ付きのミツバ、ココットなどの容器、水 ・**やり方**　ミツバの根元を4cmほど残してカットし、容器に入れ水を加える。スポンジは毎日流水で優しく流し、軽く絞って衛生を保つ。新芽が伸びてくる途中に萎えた茎があれば取り除く。収穫はハサミで。 ・**メリット**　昔は山などに自生していた野菜なので生命力が強く、手軽にできる。 ・**使用例**　アイスなどのデザートの飾り付けに使える。新ショウガの甘酢漬けを刻み、ミツバと混ぜると軽いおかずにもなる。
小松菜の根	・**用意するもの**　根付きの小松菜、培養土、鉢、鉢底石、肥料 ・**やり方**　根付きの小松菜の茎を根元3cmくらい残してカット。その際、中央の小さい葉も少し残す。鉢に植え、たっぷり水をあげて、根が定着するまで日陰で管理。最初は萎むが、３日ほどで元気になる。 ・**メリット**　手間がかからないので、お得感も育てやすさも優秀。鉄分やカルシウムがたっぷりで髪のトラブルにも良い。 ・**使用例**　味噌汁、おひたしなど幅広く使える。
唐辛子の種	・**用意するもの**　唐辛子の種、培養土、９～10号のプランター、鉢底石、支柱、肥料 ・**やり方**　プランターに種を蒔く。土を1cm被せ、本葉が出たら順次間引く。その中で良いもの１本を育てる。支柱を立て、最初に咲いた花より下段のわき芽は全部摘み取り、上段は放置。４～5cmが採りごろ。 ・**メリット**　薬味で活躍する唐辛子。その種は意外と入手が簡単。食べると代謝が良くなり、ダイエットに効果的。 ・**使用例**　薬味、スパイスで大活躍。唐辛子で作れるソースは色々あり、料理の幅が広がる。

ポップコーンの種（トウモロコシ）	・**用意するもの**　ポップコーンの種、ボウルとザル（重なるもの）、アルミホイル、水 ・**やり方**　ザルの底に種を入れ、下に重ねたボウルに種が触れるくらいの水を入れる。毎日流水にさらし、8cmほど伸びたら１日日光に当て、緑化させ収穫。 ・**メリット**　体内の水分バランスを整えてくれるので、冷え性やむくみに良い。いろんなメニューの添え物として汎用性が高い。 ・**使用例**　あえ物やサラダ、ラーメンに入れても美味しい。
イチゴ	・**用意するもの**　イチゴ一個、苗ポットなどの容器、キッチンペーパー、培養土、鉢、鉢底石、液肥、水 ・**やり方**　イチゴを容器に入れて潰し、水で丁寧にすすぐ。種をキッチンペーパーの上で乾かす。土に水を含ませた苗ポットに種を蒔き、土をごく薄くかける。ビニールにふんわり包んで冷蔵庫に３、４日入れる。本葉が出たら間引いて、鉢に植え替える。乾燥に弱いので水やりに注意。 ・**メリット**　この表の中では上級者向けであるが、ふと買ったスイーツに入っていたイチゴを増やせるロマンはなかなかなもの。イチゴは眼精疲労に良いので現代社会において欠かせない野菜。余談だがイチゴは正式には果物ではなく野菜に分類されている。 ・**使用例**　主にスイーツで大活躍。そのまま食べるのも良し。混ぜても良し。スムージーにしても良し。
サツマイモの芽	・**用意するもの**　芽が出たサツマイモ、小さいグラスやココットなどの容器、水 ・**やり方**　芽が出たサツマイモを5cmほどの輪切りにする。水を入れた容器で、芽が浸かった状態で発芽させる。水は毎日替える。伸びた茎の柔らかい先端をカットして収穫。 ・**メリット**　意外と食べられる。観賞用にも良い。 ・**使用例**　サツマイモのツルは台湾では「地瓜葉」として市場に出回る歴とした野菜。栄養価も高い。あえ物や炒め物に活用できる。
ジャガイモの芽	・**用意するもの**　ジャガイモの芽を大きくくり抜いたもの２～３個、培養土、２～３号の鉢、鉢底ネット、液肥 ・**やり方**　土を入れた鉢に、芽を上にして深さ２～3cmのところに植える。水やりは表面が乾いたらたっぷりと。月１で液肥をやる。 ・**メリット**　枯れても土の中に種芋ができており、また来年楽しめる。もし種芋が5cm以上であれば食べることもできる。うまく行けばエンドレスに楽しめる。 ・**使用例**　ミニジャガはそのまま素揚げにするのが美味しく、見た目もかわいい。

え！　これほとんどスーパーで売ってるやつじゃん！　しかも簡単なものもあるし、楽しそうなのもある！

あとこれは節約としては実用的ではないけど、アボカドやレンコンなどは観葉植物としても育てられるのよ。

へー！　すごいです！　タンポポ師匠マジ半端ないです！

それを生み出した我もすげー!!

おまえ最近なんかしてたっけ？

っっっっっっ！！！！

ポイP強く生きてね(^ ^)

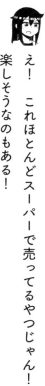

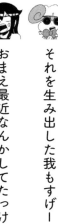

ガバッ
助けて あんずちゃん
ウチ もう 限界や
へ？
財布が
すっからかん やねん

第7話
豪遊妖精現る!?

すっからかんってなんでまた
ギュムー
使ってまうねん もったいないってわかっててもどうしようも…
いや…使わされてまうねん!! 豪勢に!!
?
ハッ
高級シャンプーで髪はサラサラでも家賃は滞納コース
ブランド物買ったせいで今月の食費まで危うい状態や
ウチの分だけならまだしも…
ウチのペットパチの食費さえも赤信号やねん!!
プルプル
見て! 高級ドッグフードの最後の一粒を今朝からずっとチューチューしとんねん
チュー
チュー

通常のもんより ようけ栄養 入ってるさかい
これ食うてたら 寿命延びる言うて ほんで…ほんで
ごめん さっきから なに言ってるの？
邪悪な 妖精のニオイ がする…
!?
ポイ!?
大丈夫なの？ 浮いてる ところ 見せて
ヒソ ヒソ
問題ないよ
彼女はすでに 妖精と接触 している
あ…
あ…
え!!?

ひいいいい
妖精やああ
悪魔を見るかのごとくだけど!??
妖精が誰しも我のように優秀かつクリエイティブで優しさも兼ね備えグレイトなインテリだと
ん?
とにかく今回の遭遇は最悪だぞ
バババババ

ハアーイ

えええええ
ええええ
何これ!?
あいつは
マリン
バババババ
オホホホホホ
豪遊妖精
だ!!!
ご機嫌
うるわしゅう
皆々さま
ドン
ん…

加奈子ちゃん!?
スポン
20万あればヘリがチャーターできるのね
快適だったわ
500mの旅♡
そんぐらい歩けえええあああああああああああああ
でもちょっと揺れたのが気になったから
ガーン
帰りは別のパイロットで!
指名料がいるなら払うわ
ポイとはまるで真逆の妖精だな…

あらポイ
久しぶり
シャバッ
塩
あの…
あなたのせいで
友達が迷惑
してるっぽいん
ですが
なにが目的
なんですか?
なにって
彼女がそう
願ったのよ
普通すぎる
毎日は嫌だ
ってね
だから
毎日 豪遊して
買っちゃえ〜
¥40500
買っちゃえ
¥54800
極上の
幸せを与えて
るのよ
そ…そりゃ
私だって
そんな生活
憧れるけど
でも

限度って
ものがある
と思う
いいぞ
いいぞ
あんず
もっと
言ってやれ
サッ
パサァ
ブランド物
34000円
キュン
あ…
あんず？
そう！
結局
魅力的な
ものは
お金を
使わないと
手に入ら
ないのよ

あなたもそう感じたことあるはずよ
ドキッ
ガッ
あんず！こんな奴に耳を貸すな
まぁ…確かにそうかも
…でも
せっかくいい大学行ってオシャレな友達も作れたんだ
20000
出し惜しみしてどうする…え２万円!?
チョー良いじゃん
ハハハ…
今月の家賃どうしよう
あれ!?
ダイエット中なん？
ミルク
え!?
そ…そうそう
美だよ美…美こそ女子力の…
フムフム
メモメモ
あんずちゃんはやっぱりすごいな

あんずちゃんみたいなん
憧れちゃうなあ…
そう?
照れるな…
ごめんね加奈子ちゃん
ザッ
ひとつ教え忘れてたわ
でも最近わかったこと
だから許して
そういう使い方して
幸せになったこと一度もないんだ
ふーん
あんず…
……ってことで
先攻ポイ!
ビシッ
唐突な丸投げ!!?

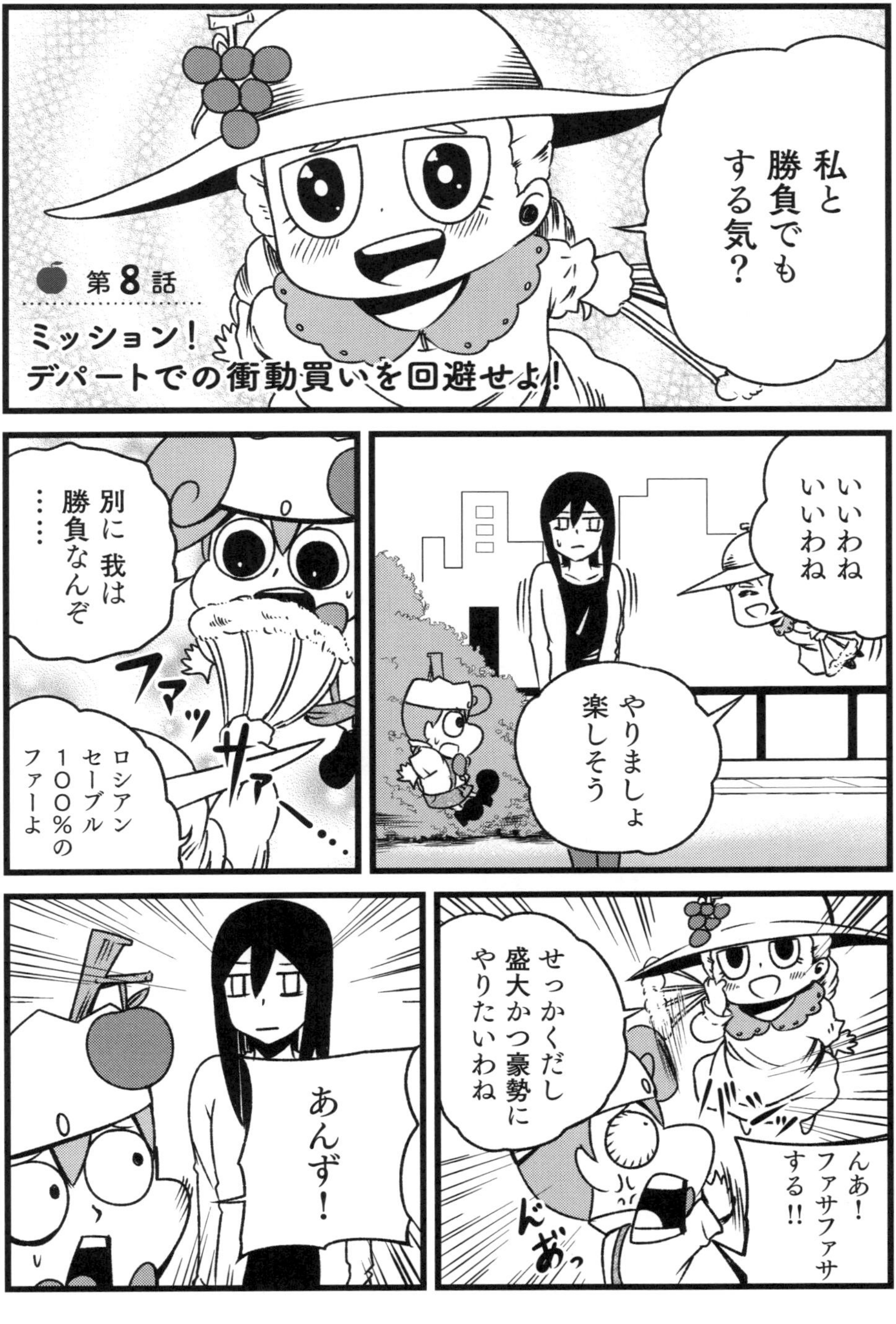
第8話
ミッション！
デパートでの衝動買いを回避せよ！
私と勝負でもする気？
いいわね いいわね
やりましょ 楽しそう
別に我は勝負なんぞ……
ファッ
サァー…
ロシアンセーブル100%のファーよ
せっかくだし盛大かつ豪勢にやりたいわね
バッ
んあ！ファサファサする!!
んおっ
あんず！

て…テンパってる!!
田舎のヤンキーが威勢よく絡んで
やんのかァ、コラァー
おーちょちょちょ
ストーップ
いざケンカを買って出られるとキョドるアレだ!
波風を立てた張本人がその調子でどうする!?
平和的解決を求む
あら?まさかの逃げ腰?

前々から
貧乏を肯定するさま
ダサいと思ってたの
貧乏…？
ダサい？
妖精界隈でも
よく言われてたわよ
ケチんぼ
妖精って

やってやろうじゃねーか!
ウェイトポイ!
返事はOKでよろしくて?
では場所を移しましょ
スァ…
聖なる戦場へ
119
119
ビッグ

デパート!!?
ドドン
119
バババババ
空からってなんか新鮮……

さあ着いたわよ
ヘリとか初めて乗ったな
けっ
くだらねえ移動だぜ
お前が一番楽しそうだけど!?
屋上へ移動中。
119
ババババ
119
ビッグセール
ようこそ
我が城へ
ゴゴ
ゴゴ

あんずちゃん
引くなら今や…
マリンさんは持論に疑いがまったくない
ピピピピピピー
げや゛あ゛あ゛あ゛あ
ガコンガコンガコン
躊躇なく周りを巻き込む妖精や…
ピト
女子道その26
「なんでもかんでもシェアしてこ」
じゃあこの20万円もシェアね
束〜〜

それ
さっきの
ヘリの料金よ
バッ
スリルある
勝負に
したいし
そのお金を
使うことに
したわ
ゴク
ゴク
119
119
ヘリは
屋上に
移動して
もらったの
料金を
払うには
あそこへ
行かなくちゃ
ならないわ

つまり屋上まで行きヘリ代を払えたらあなたたちの勝ち
途中で使ってしまい払えなければ私の勝ちよ！
ドドン
まさに豪遊VS.節約最高のゲームよ！
さすがにそれを知ってたら
いくら私たちでもなにも買わないぞ…！
ふふ…その台詞私の力の前で
もう一度言えるかしら？
パチン
ウィーン

いらっしゃいませ!!!
!?
デパート従業員 全員 洗脳 そして強化したわ
さて この販売促進の猛者たちをかいくぐれるかしら?
チートめ…
あ!
そうだ

あなたたちが勝ったら
加奈子ちゃんから手を引いてあげる
その代わり私が勝ったら
えええええ
20万円は私への借金扱いにするわ
大丈夫よいいバイト教えてあげるから
一緒にいい夢見ましょ
シュバッ
さあゲームスタートよ!!
ポイ何か作戦ある?
我に良い考えがある…

ふたりをこれで縛ってしまえばいいんだ！
そうすれば買う手も出まい！
どっから出してきた!? それ!!
なんだよそれ趣味悪い！
モラル的に論外だわ！
…きキモい
ヒュン
ヒュン
ヒュン
いいから縛られろってんだぁ!!
落ち着けポイ！見てくれ悪魔になってんぞ!!
サッ
サッ
あ…店員だ
き…きしょい…

…でも
掃除中か
ならそんなにしなくてもいいか
サッ
サッ
お客さま！
ペロ
その服当店のデザインですね!!
その新作が最近 入荷したんです!!
バッ

潜伏接客術
デデン
他の作業をしながらお客の懐に入り
いつでも仕掛けられるようにする技
こちらです!
やあああああ
でもちょっと気になるぅぅぅぅぅ
あんずぅうううううううう

さあ
こちらへ
ズルズル
あああああああ
連れて
かれて
もうたで
ぐぬぬ
とりあえず
追うぞ!!
さて
どこまで
耐えられる
かしら?

第9話

心強いアドバイザー参戦！

見てください
このデザイン
前作と
なにが違う
かというと
ぐいっ
ここ！
胸のところ
に
ニャーン
NYANTO
当店の
ニャント
マークが
ドキッ
いや…でも
今買うわけ
には
実は
このマーク
来シーズンから
なくなるんです
デザインを
一新する
そうで…
え⁉
かわいかった
のに！
新デザインも
かわいいことは
お約束します
しかし…

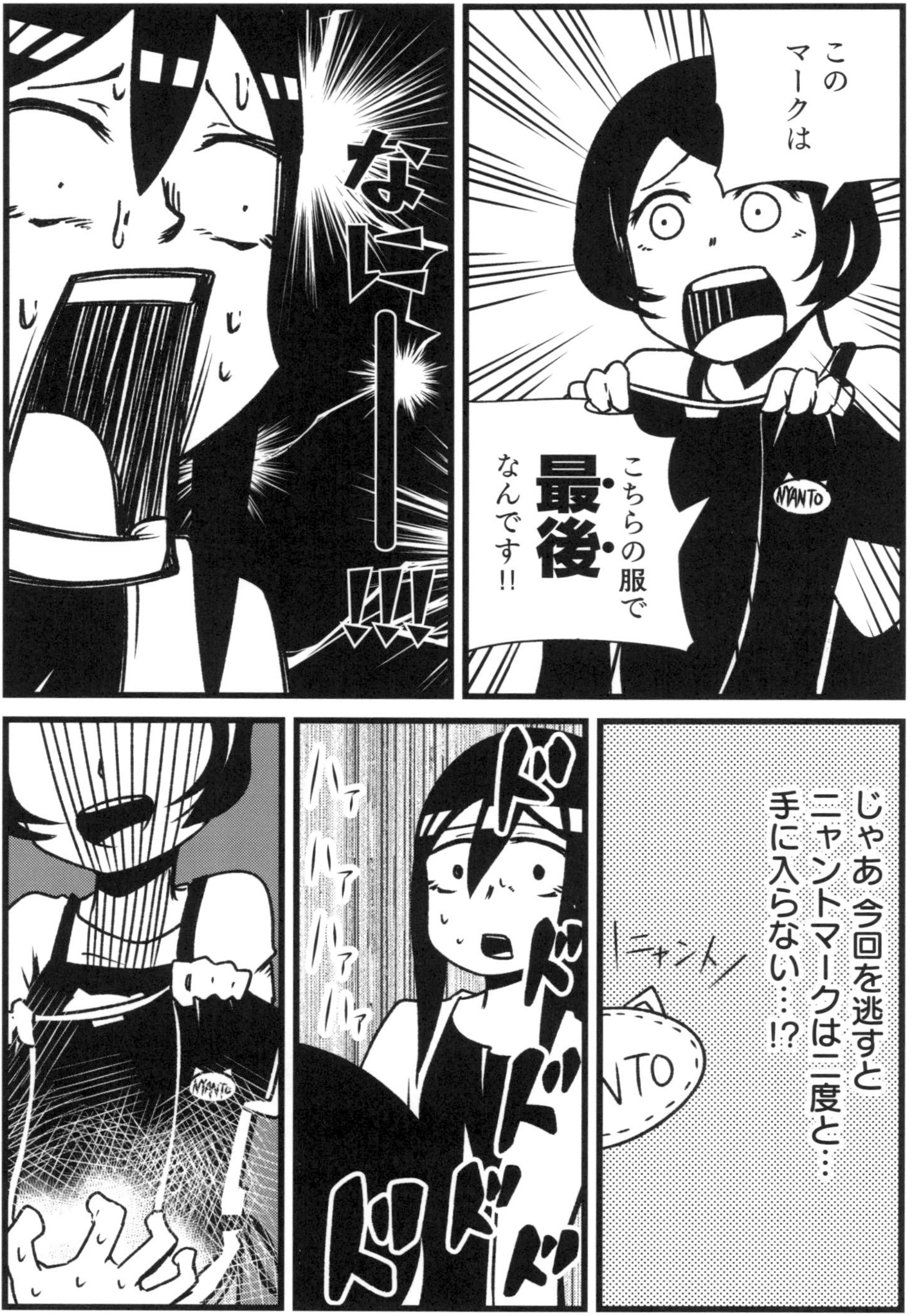
このマークは
こちらの服で最後なんです!!
なに――!!!
じゃあ今回を逃すとニャントマークは二度と…手に入らない…!?
ニャント
NYANTO
ドドドドドド
ハァハァハァハァ
NYANTO

ニャント
すばらしい
店員さん
パッ
客にYESを
言わせる技術が
しっかりしてるニャ
!!?
ニャン
ちっ
ポイの
やつ
命を
吹き込んだか
ハァ
ハァ
やめっ
今のは
そう!

チャルディーニの理論「希少性」ニャ
ニャーン
チャルディーニ?
確かそっち方面の有名な学者ニャ
スゥ…
あとひと押しの知識
マークデザイン一新の会議で
新デザイン企画
社員の人たちが口走ってたにゃ
……
ドキ
もう手に入らないかもしれないというレア度を前面に出していこうって
あぶねー……
さっそくドつぼにハマりかけてるじゃん…
ニャフフフ★

あっさり突破されてやんの
ギャ
マリンの力・・・あんマリン!?なーんつって!!
イラ
ぐ…
ス
キ
元気出しニャ
NYANTO
さあいくぞあんず!
あの
新デザイン楽しみにしてます!

私もすごく楽しみです
またご来店ください！
ちょっと待つニャ
???
このままだとミーはワッペンに戻ってしまうニャ
それは名残り惜しいニャ
ブチ ブチ ブチ
もう少ししゃべらせてほしいニャ
ブチ ブチ ブチ ブチ
お供するにゃー!!
バビューン
ぎゃああああああああ

このケースは初めてだ
力を与えたものが
人間と一体化した!!!
フフフ任せニャ
ミーはありとあらゆる商品会議に居合わせているにゃ
フムフム
どんな商法もミーの前では筒抜けニャ
心強すぎるこのワッペン!!
ワイワイ
ポイのやつ調子に乗ってるわね
まあいいわ
猛者たちはまだ数多いるもの
あそこのお嬢さん

大学生？
朝ごはんとか めんどくさくなる 年頃じゃない？
ええ… まあ
え なにこの 店員さん…
ネクタイ めっちゃかわいい
あこのネクタイ こないだ娘に プレゼントして もらいまして
おかげさまで 評判です
あ この人 感じいい
ところで 君の年代に おすすめの
いい商品が あるんです よ
ド
ン

スムージー専用ミキサー
2万円
2万…
けっこうええ値段しますね
確かに相場より少し高めです
それとこれ相当重いんですよ
でも
スムージーのスムージーによるスムージーのためのミキサーなのです
ここが重要
どうした
店員に捕まった!?
お!ふたり目のべっぴんさん
パァ
ニャントいうことニャ

こやつ
販売力が半端ニャい!!
さっきの店員とオーラが違うニャ
ワッペンが
汗を…
ゴクリ…
スムージーって
肌によさそう
ですよね
女子力も
高いし
たしかに
うん
うん
このミキサーは
多種多様なスムージーを
再現できて
プロ顔負け
できるのも
すごく早い
ペラ
ペラ
ペラ
素敵な
朝食が
楽しめ
ます
他にも
ペースト機能もあって
料理の幅も広がるし
好きな人に
女子力アピール
できちゃいます!
で!
実際に
作るところを
見ていただきます
ヴ〜〜

完成！
ストロベリーミントスムージー
おっさんが作ってもこの完成度！すごくない？
ズキューン
フフフ
まんまと網にかかってるわね
彼は販売促進のデパート
もう彼からは逃げられないわ

独特なワンポイントで気を惹き
お客に購入後の想像をさせて
プライベートを話して距離を縮める
五感で伝えたいことは実演
商品の欠点は最初にさりげなく
そして小さな頷きを集める
小さなYESは…
集まれば大きなYESに変わるわ!!
ちょっと待つニャ――!!!
ドン

第10話

衝動買いを防ぐならアリになれ

待つニャー!!
あの…
伸びる
コヤツは
敏腕の
魔法使いニャ
いろんな
魔法で
あんずは
ある虫にされ
かけているのニャ
虫!?
そう
キリギリスに
ニャ!

キリギリス!!?
デデーン
有名な童話「アリとキリギリス」
夏に遊び呆けていたキリギリス 冬に向け着々と準備していたアリ
SUGAR
冬になりキリギリスは死に
アリは何不自由なく暮らす話ニャ
この寓話は経済学でも使われるニャ

今が
楽しければOK
衝動買いをする
者が
キリギリス
本当に
必要なものだけ
買うのが
アリニャ
デパートにとって
うれしい存在…
そんなの
キリギリスに
決まってるニャ!!!
多くのアリを
集めるより
多くの
キリギリスを
集めた方がいい
……いや

アリもその場でキリギリスにしてしまえばいい

※1キリギれたのに
※1「キリギリスにできたのに」の略
き…
※2キリギれた!?
※2「キリギリスにできたのに」の略
まあ いいさ
キリギるのも時間の問題だ
あと ひと押しで キリギれる
どうしよう
このままだとふたりともキリギっちゃう
くそ…
どうすれば…

アリになっちゃえ
ポイ
アリバージョン
もったいない妖精だし
アリだよね
ど…どうしたらアリになれるの？
フム
フム
ゴニョゴニョ

フューチャーペイジング法だ!!!
ドヤ
受け売りでドヤ顔しやがった
なんなの?そのヒューチャーなんとかってやつ
フムフム
ゴニョゴニョ
もう猫がしゃべっててよ!
簡潔に言うと近い未来を具体的に想像させる
カウンセリング方法のひとつだ

買った後を想像するんだ
イマジ〜
より具体的に理想を入れず
ワーイ
ウウウウ
想像してください
おいし〜〜
「いいね」110件
今日の朝は自作スムージー♡
具体的に…たとえば1ヶ月後
ガバッ
三限遅刻しちゃう
あ…
スムージーの材料買うの忘れてもうた
ガサッ
・・・・。
今日はもうええか…

スッ
スッ
しまいこむ未来しか 見えない…
よく 一度 冷静になれ と言われるニャ
だけど それだけじゃ 理想が つきまとうニャ
そこに「具体的に」と 加えるだけで
なれるの ニャ
アリに!
それでもアリに なれなかった 時は
もう ひとつ

なにかの感情が出た時 そこに「……ということを 考えた」
(例)
アイツ むかつく〜
…と考えた。
とつけくわえて 言ってみると 一拍置けて 冷静になれるニャ
他にも その感情を 五・七・五にしてみると 楽しいかもニャ
ミキサーが すごくほしいと 考えた
ポ
く…
不愉快ね
まあ どうせあなたたちは 次の…あのお店の 餌食になるんだから

いらっしゃいませ
ピョンピョコ旅行代理店へようこそ

第11話

最後の油断がまさに大敵！

ゴゴゴゴ
いらっしゃいませ
ピョンピョコ
旅行代理店です
間違っても
入るんじゃ
ないぞ
ふたり
とも
今ご来店
いただくと…
コラボ中の
ネコネズミ
チューニャンの
ぬいぐるみを
プレゼント中です
JBB

なんですんなり入んの!?
これは「返報性の法則」ニャ
無料でものをあげて恩を売る手法で……
——……
おいこらああああ!
では
プランをご提案します

フランス
パリ
あこがれのパリへ♪
今だけの格安プランです！
ドイツ
リスマスマーケットへ行こう！
場のビールにソーセージ！
ハッピーツアー
タリア
ドドン
ふふふ
さっそく始まるわね
ふたりは気づいていない
そう
ここはカジノ
CASINO
そしてディーラーの手の上

彼女の独壇場
ダブルマインドフィールドであると
ダブルマインド効果
先に2択を与えることで別解の可能性を消す方法
ディーラーはまず
ベッターの思考をコントロールすることから始まる
ここで多くの選択肢を提示
ビジネス or エコノミー
山 or 川
"やっぱりやめる"の発想をできるだけ薄める
さぁ
たたみかけるわよ

ここで引かないこと
利点・長所をプレゼン
インスタ映え
少しでも興奮を誘う
ブランド女子力
数年前テロがあったのは…
そして出てくる質問
これがくればこっちのもの
今まさに思考が「賭けない」から
賭けるための「リスク考察」へ変わった
あとはダブルマインドをくりかえしたり
テンションを上げて冷静さを奪う

そう
その顔
その
表情が見たいの
おい ふたりとも!
気を確かに持て!!
アリになれ
アリに!
ハッ
ハッ
お三方
なにか勘違い
されてません?

急なことですし
まずはお見積もりが
ありますので
本日
費用の支払いは
ありませんよ？
予約を
入れる際に
予約料は発生
しますが
え…
それは
つまり
勝負には
関係ない
ってこと!?

こ…
これはマズイ…!!
テンション・リダクション効果
お買い求めの車に便利機能をプラスしませんか？
そうね せっかくだし…
緊張状態が解けて気が緩んだ瞬間を狙った悪魔のマーケティング手法ニャ！
今回 勝負という緊張から一時的にあんずを解き放ち
プランを買わせる応用テクニック
主《あるじ》の力が弱まっている!?
こ…声が出ニャい
もしかして…
あんずちゃん

せやったら一緒に行かへん？
パリ
チェックメイト

第12話

衝動買いの根源にあるものとは。

声が…出ニャい…
このままだとマズいニョに…
ワッペンがしゃべれなくなった力を長時間使いすぎたか…
力の持続には体力が必須
シンプルにめっちゃ疲れた
もうこうなったら札束食ってやら！
んだら否が応でも払えんぞ！
え⁉ちょ！なに⁉キモい⁉
あとひと押しね
ギャアギャー
スッ

世界的ミュージシャン
ジャフティン・バニーご存じですか？
え…まぁ…
えっと
ドキッ
かなり好きですね
うちもめっちゃ好きです
ポスター？
ってことはまさか!?
ス…

人気で入手困難な
バニーの
ライブチケット
先着ですが
弊社の
タイアップ記念で
現地での
ライブチケットを
おつけするプランが
あるんです
なんだって――!!!
あ…今2件
埋まりましたね
あ
3件目
Finish
タン
return

予約！
取ります!!
マズいにゃ マズいにゃ
予約には料金が発生するはずニャ…
でもテンション・リダクション効果でふたりとも勝負が見えてないにゃ！
くそ…ミーが…
ミーが…しゃべれさえすれば…!!
このままでは…
最後はあっけないものね
シャク…

え…
ポイ…
まさか…
食べたの?
コオオオオオオ
!?
ポイ!?

ジャーン
めっちゃ光ってるぞポイ!
や!
まぶい!まぶい!
えええええええなになになに!?

NYAAAAAN
ええええええ
ギュルルル
ズバ
ズバ

シュタ…
えー……
ポイ
いったいなにをして……
あんた正気なの!?
!?

今食べたら
パワーと引き換えに
またゼロから
やり直しよ!?
あんた
もったいない妖精
でしょ!?
ゼロから…!?
完全に実った時
ほおばることで
一人前の妖精になれるんだ
ってことは
まだ未完成の状態で…
そんなの
またがんばればいい…
それよりも
この勝負に負けて
お金のせいで日々
苦しみ続ける方が
最高に
もったいない!

行け！
見せたれ！
力を！
了解《ラジャ》！
ゴバッ
ホワチャ
なんで!?
ショッピングしかり
衝動買いしかり
その他
あまたの
行動経済学における
ラスボス的理論が
あるにゃ
この猫…
非合理的行動を
取ってしまう
原理
その名も

プロスペクト理論
バシッ
なんで扇子蹴り飛ばすのよ
今回で最後だとデザインにプレミア感をつけたり
一期一会の演出をしたり
先着のレアチケットをつけるなど
目の前に 入手寸前のメリットを置かれるとそれを失うことを避けるため人は冷静さを欠く行動を取る
そんな習性を利用した悪魔の技がプロスペクト理論ニャ
シュタ……

このチケットつきパリ旅行
パリ ゆったり旅 20万
パリ ジャプティン バテー 32万
割高になっている可能性は考えたかニャ？
!?
その猫！黙らせなさい
タイアップだからといって安くなる保証はない
むしろプロスペクト理論を考えるニャら
ガシッ
「今買わないと損」を利用して高めに値段設定することもできるニャ
パリに行きたきゃ行けばいい
でも！いったん冷静になるのニャ!!

プロスペクト
パンチ！
パンン

第13話

物欲を抑える方法、教えるぞ

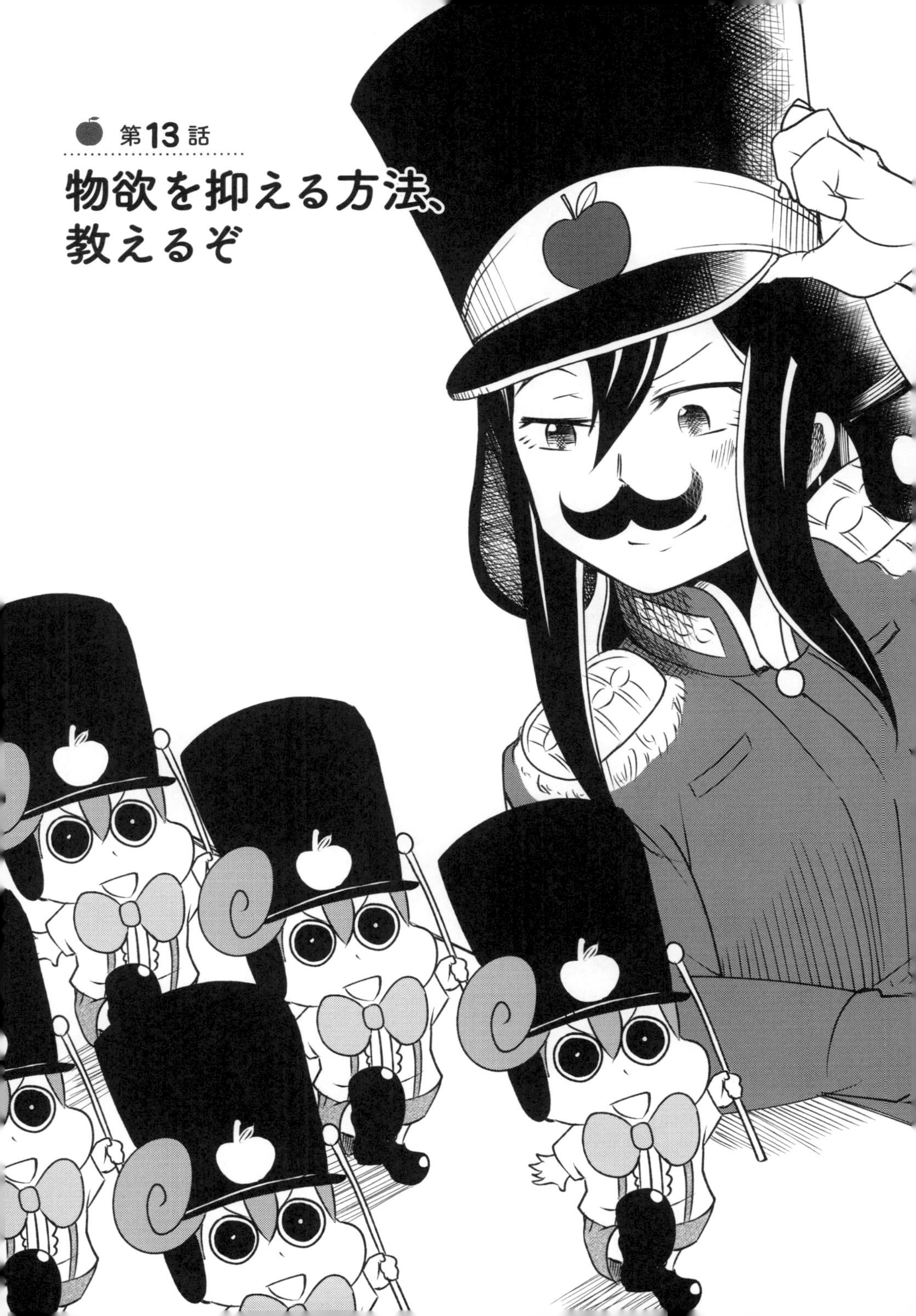

YEAHH!!
ドン
MVP
ふふふ
こんなごり押しいつでも通用すると思わないことね
「欲」は常に己の背後に潜んで
刺す機会を窺《うかが》っているんだから

でも
予防はできるニャ
できるの?そんなこと
できる!
物欲をコントロールすることでプロスペクト理論をはねのけるニャ
んー…
ニ゛ャ!
!!
ドシュッ
そこで有効な技があるニャ
その名も…
スチャッ

ストレスサーモメーター
デデン
デーン
デデン
ピー
メカチックになった⁉
…？ストレスと物欲になんの関係が？
ピー……
ついでに体脂肪も測れるニャ
えーっとさんじゅ…
ギュウウウウウウウウ
満たされない物欲からストレスは生まれるニャ
なるほど
ニャからストレスと物欲は密接な関係ニャ

まず「どうしてもほしい」をMAX10として考えるニャ
ピピピピピ
それを基準に今の物欲を数値化するのニャ
8や9だったとしても問題ないニャ
9
8
数値化することに意味があるのニャ
測り終えた時にはもう
欲しい！
欲しい！
物欲と冷静に向き合えている自分がいるのニャ
なるほど！
あとひとつ対策として運動も効果的と言われているニャ
衝動買いの時に脳から出るドーパミンを制御する作用があるのニャ
オススメは手軽なジョギング
Let's run!!
さあ手始めに屋上までジョギングニャ
ピンポンパンポーン
店内で走ると大変危険ですおやめください

18…
19…
20…
はい確かに
ポイ
あんず
加奈子
WIN!!
すみません私が勝っていれば…
あんたはよくやったわ
面白かったわよ
結局
ゲームをしていたのは私だけだったってことよ

あんれえええ!? マリン負けちゃってるじゃん
バッ
あんれえええええええええええ!?
まぐれよまぐれ!!
調子に乗らないことね!
たかがゲームで真剣になって
ダサいのよ!
ヴぁ!?
ワッペン!
ワッペン!
ポイ! ワッペンが!

いやー楽しかったニャ
そろそろミーは普通のワッペンに戻りますニャ
流行りすたり時代の流れに逆らえぬのがデザインの定めニャ
せめて最後にしたためる一句ニャ
流行りに乗っても
流されるな！

ポン
NYANTO
…句ではないな
なにはともあれ
勝ったことには違いないし！
今日は赤飯だーー!!
そんな金どこにあんだ!!?
あのー….
NYANTO
ニャントの店員さん
私たち勝ちました
アハハハおめでとうございます！！
いや…その…
NYANTO

ワッペンの……
弁償代を……
いただきに
参りました……
店長曰く
もう売り物には
ならないそうで……
ボロ…
NYANTO
えええええええええええ!!!

ザバーン
マリンの言ってたいいバイトって
カツオ釣りだったんかい!!
てか弁償代くらいセーフにしてくれよ!
でもマリンさん

なにしてくれてるのよ！
試合に勝って勝負に負けたいちばん恥ずかしいやつじゃない私！
どうしてくれるのよこのモヤモヤ！
サーセン…
ウチからも手引いてくれて
借金はなしにしてもろたし
根は悪い妖精やないんよ…
こんなとこ女に行かすやつなんて鬼だよ！百鬼!!
…あんずちゃん

助けてくれて
ホンマありがとう
おう
ま
お礼を言うならポイだな
え!?
引き強よ
ぐうん
あいつが体はったおかげだよ
ギアアアアア
……てええええ!?
ポイ!
っっ

セーフ
ハァ
ハァ
ハァ
ハァ
大丈夫かいな…
サンキュー
あんず
またゼロから
やり直しよ!?
ごめん
私のせいで
いろいろ
振り出しに
戻ったんだろ？
その手
離すんじゃ
ないぞ!!
コイツは
大物だ！
ジンベイザメか!?
ハンマーヘッド
シャークか!?

大丈夫 またがんばれば いいだけの話だ
確かに 得たものを 失うのは つらいけど
我はそれを もったいないと は思わないぞ
ぐいっ
ひとつ 言うと すれば
なんか 見えて きたで!
ザバーン

どんなに
つらい状況でも
そこでしか
味わえないドラマが
あるってもんさ
そんな今を
楽しまないと
もったいない!
ポイっぽいわ
なんか
シャ
ポイー!!
パクッ
救出
え―…
もう
帰る!

楽しい節約生活への道

Lesson 6

行動経済学ってなに!?

教えてくれる人
「ワッペン」
ニャント

マリンとの対決はニャントの助けがあったから乗り切れたけど、また必要のないもの買っちゃわないか心配だよ。

安心するニャ。必要のない買い物をしないためのコツを教えとくニャ。

よろしくお願いします!

対決の時も言ったけど、デパートやスーパーマーケットをはじめとした商店では、お客さんに一つでも多く買い物をしてもらおうと、色々な手法を使っているニャ。世の中には良いものもたくさんあるし、お客さんが消費することで経済が回るという面はあるけども、やっぱりミーはあんずに「本当に必要なものを買う子」に育ってほしいのニャ。そうしないと、買い物以外でも、必要のないものに時間を使ってしまったり、自分以外の誰かに行動をコントロールされてしまったりすることにつながると思うのニャ。

ニャントは深いね。

それじゃあ、どうしたらいいかというと、まず大事なのは**「気づく」ということ**なんだニャ。まずは店員の必殺技。そう接客技術ニャ。こんな表（次ページ）にまとめてみたニャ。

うわぁ……。言われてみれば確かにこんな接客を受けた覚えがあるわ。

これらは接客業の人たちを対象に発行されている業界誌で特集されていた技術の一覧ニャ。その表情から察するに、店員さんの努力の方が優ったようだニャあんず。

ぐうの音も出ない……。

接客以外でもいろいろな技術があって、たとえば食品の売り場の間取りにも狙いがあるニャ。スーパーマーケットの入り口には必ず野菜や果物が置いてあるけど何でか知ってるかニャ？

Check!

主な接客術

商品とは関係のないことを話す	他店では話さなかった話題は、記憶に残りやすい。
あえて商品を売らない流れにする	お茶でもどうぞ、一晩寝かせて、など。 クールダウンを店側から提案すると、客に信用されて購入率が高くなる。
客の好きな話をする	身を乗り出してきた、急に笑顔になった、うなずく回数が多くなった、質問をし始めた、など客の反応が良い話題を見つけたら５分以上話す。
商品の良さは最後に大げさに	最後の会話が一番記憶に残りやすいため、好印象を与えられる。
６対４（店員：客＝発言の頻度）でお客に質問する	質問形式で接客する。 例「この赤色がオススメです。お客様は赤が似合いそうですが、赤はお好きですか？」 この繰り返しで会話は弾む。
スタッフは歩くマネキン	客が良く手にとる商品を着用すると、実用性をアピールでき、購入に近づく。
未来予告	お買い上げ後に「次はこれを狙ってください」と次に買うべき商品をアドバイスする。購入した瞬間に次の商品をオススメしておくことで、購入意欲のタネを蒔くことができる。特にペアものやシリーズものなど関連性のある商品を勧めると効果がアップする。
未来予告２	会計終了後、次の季節に買うものを紹介する。 靴屋なら「年末にはオーダーメードの冠婚葬祭用パンプスを検討されるといいですよ。そうすると出番が多くなる２月末にはできあがっているので便利です」など。
おしゃべり履歴	客との日常会話を記録しておく。お礼状を書く時、趣味や仕事、家庭の話題など商品以外について書くと印象が良くなり、再来店へと繋がる。
オノマトペ	擬音語のこと。食品のパッケージに食感などを強調して記載すると好印象。
ナンバーワンをごり押しでも作る	期間や地域、ジャンルなどを細かく分類し、プッシュしたい商品がナンバーワンになっているカテゴリーを見つける。

……おいしそうだから？

おいしそうかどうかは自分の主観次第ニャ……。まあ、野菜や果物は見栄えが良いし、健康的なイメージもあるけども、最大の理由は、**入り口に重いものを置くことで、カゴやカートを持たせようとしてる**ニャ。カゴやカートを持っていると、買う商品数が自然と増えるニャ。

ああなるほど！

これ以外でも本当にたくさんの工夫があるニャよ。お客さんにできるだけ長い距離を歩かせるために、エスカレーターの位置をわざと変えたり、**特別に割引きした目玉商品を作ることで、他の商品も割安に見せたり**……。ちなみに一部の安い商品を用意することで、他の商品も安く思えてしまう現象を行動経済学で「コントラスト効果」と言うニャ。

ああ、あのチャルディーニの理論とか言うやつだっけ？

そうニャ！　ついにこの理論を説明する時がきたニャ。

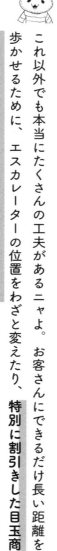

［チャルディーニの理論］

●返報性

受けた恩は返したくなる心理（例：スーパーの試食などの無料サービス）

●希少性

限られたものほど欲しくなる心理（例：期間限定もの、地方限定のお土産など）

●権威

肩書きや名声を用いて信頼を得る心理（例：有名タレントのＣＭ）

●コミットメントと一貫性

表明した約束を守ろうとする心理（例：アンケート）

●好意

好きな人に同意したくなる心理（例：仲の良い店員、共感者の同行）

●社会的証明

周囲の動きに同調したくなる心理（例：お客様満足度99.9％など）

人間は、思った以上に自分の行動をコントロールできないのニャ。「衝動買い」なんてまさにその典型ニャろうけど、その心理を研究した学問が行動経済学なのニャ。

それ、超お得な学問だね。

お得かどうかはちゃんと勉強したかにもよるニャろうけど、興味があったら勉強してみれば良いニャ。たとえばペットショップでショーウィンドー越しに子猫を見ていたら「抱いてみます？」と聞かれたとするニャ。抱いたら最後「連れて帰りたい！」って身もだえしてしまうニャろう？　これは「希少性」に含まれるもので、「損益回避」って呼ばれてる心理行動ニャ。**人間は、一度得た利益を手放さないように行動してしまう**のニャ。「このかわいい猫を手放したくない！」という思いが強くなって、子猫を飼った時の食事代や医療費がどれくらいの出費になるか、ということには全く頭が回らなくなってしまうということニャ。ちなみにミーは去勢済みニャ……。

……。お疲れ様です（性別あったんだ……）。でも、お店がどうやって売る工夫をしてるか見抜いたとしても、「ほしい！」ってなって買っちゃう時もあるよね。

それは自制心を養えているかという問題ニャ……。まず、覚えておいてもらいたいのは自制心は筋肉と同じということニャ。

……筋肉と同じ？

だから鍛えれば成長していくニャ。ただ、同時に、使った後は疲弊するのニャ。つまり、買い物に行くのは、疲れてない時にした方が良いということニャ。たとえば学校の試験が終わった日に買い物に行ったら、いつもと比べて衝動買いしやすくなるニャ。

言われてみれば、考えたくないから買っちゃいたくなるかも。

そもそも**「買うか止めるか判断する」ことは脳にとってはストレス**なのニャ。だから大きな買い物をするのは、よく寝た次の日や、疲れてない時にするニャ。

なるほどねー。

あとは「冷静になれる」状況をあらかじめつくっておくニャ。マリンとの対決で教えた「ストレスサーモメーター」もそうニャけど、迷ったらいったんその場を離れるだけでも冷静さを取り戻せるニャ。あとは、買った物を日記に書いて見直せるようにしておけば、冷静になることができるニャよ。家計簿をつけている人がみんな節約上手なのは、文字として書くことで冷静に見る習慣ができてるからニャ。**節約筋肉が鍛えられる**ニャよ。

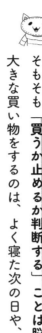

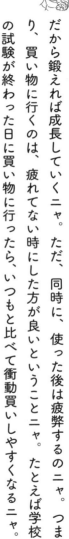

なるほど！　日記帳とか可愛いの買って、それにつけたりすると楽しそう！

良いモチベニャ！（三日坊主にならなきゃ良いが……）あとは、目標や目的を持つことも大事ニャよ。たとえば、普段はなかなか進まないダイエットも、「夏の海で可愛い水着を着たい」と思ったら少しは頑張れるニャ。

私はすでにナイスバデーなボンッキュッボンのミラクルスタイルだから水着なんて着たら周りの男は皆ズッキュンよ！

……無理は良くないニャ……。

言うのはほら……無料だから……。

あんずなりの節約だったのニャ……。

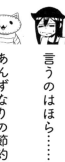

〔参考文献〕

上手な食品の保存術　佐藤順子（三省堂）／節約女王のお金が貯まる冷蔵庫　武田真由美（主婦と生活社）

週刊現代　週刊現代版「暮しの手帖」汗は拭きすぎない／スポーツドリンクは凍らせるな／エアコンの電気代節約術／持病別の熱中症対策も　猛暑を安く・快適に過ごす「１００の知恵」（講談社）

誰でも簡単！メルカリ＆フリマアプリでプチ稼ぎ　（宝島社）

食べて、育てるしあわせ野菜レシピ　皮から、茎から、根から、捨てずに再生栽培！　大橋明子（集英社）

食べる野草図鑑　季節の摘み菜レシピ１０５　岡田恭子　（日東書院本社）

商業界　２０１１年10月号（商業界）

なぜ「つい」やってしまうのか　衝動と自制の科学

デイビッド・ルイス／著、得重 達朗／翻訳（ＣＣＣメディアハウス）

影響力の武器　なぜ、人は動かされるのか　ロバート・Ｂ・チャルディーニ（誠信書房）

［ 著者プロフィール ］

西原直弥（にしはら　なおや）

1995年、奈良県出身。大阪芸術大学中退。『恵美ちゃんと一つ屋根の下』で「第93回マガジン新人賞」佳作を受賞。「別冊少年マガジン」「マガジンSPECIAL」にも読み切りが掲載された。一人暮らしをきっかけに自炊に目覚め、お腹が膨れる激安レシピを日々探求している。

［ SPECIAL THANKS ］

水野敬也先生、石岡ショウエイ先生、スタッフとして手伝っていただいたZUSHIMI さん、
鈴木理恵さん、田中華子さん、工藤千咲さん、編集のKさん。
この作品に関わっていただいたみなさまとこの本を手にとっていただいた読者のみなさま本当にありがとうございました。

もったいない妖精ポイ！
楽しい節約生活のススメ

2019年5月21日　第1刷発行

著者　西原直弥
協力　水野敬也

校閲　鷗来堂
デザイン　稲永明日香、入江香奈、坂本茜
編集協力　北岸芳広
編集　臼杵秀之
発行者　山本周嗣
発行所　株式会社文響社
〒105-0001 東京都港区 虎ノ門 2-2-5 共同通信会館 9F
ホームページ　http://bunkyosha.com
お問い合わせ　info@bunkyosha.com

印刷・製本　中央精版印刷株式会社

定価はカバーに表示してあります。
©2019 by Naoya Nishihara　ISBNコード：978-4-86651-089-7　Printed in Japan
この本に関するご意見・ご感想をお寄せいただく場合は、郵送またはメール（info@bunkyosha.com）にてお送りください。